读懂新课程 丛书

丛书主编　张广斌　陈忠玲

数学项目式
学习设计与课例精选

SHUXUE XIANGMUSHI
XUEXI SHEJI YU KELI JINGXUAN

主　编
———
康世刚
黄延林

北京师范大学出版集团
BEIJING NORMAL UNIVERSITY PUBLISHING GROUP
北京师范大学出版社

图书在版编目(CIP)数据

数学项目式学习设计与课例精选 / 康世刚，黄延林主编． --北京：北京师范大学出版社，2025.1 --（读懂新课程丛书 / 张广斌，陈忠玲主编）． -- ISBN 978-7-303-30067-9

Ⅰ．G633.602

中国国家版本馆 CIP 数据核字第 2024A4T018 号

出版发行：北京师范大学出版社 https：//www.bnupg.com
　　　　　北京市西城区新街口外大街 12-3 号
　　　　　邮政编码：100088

| 印　　刷：保定市中画美凯印刷有限公司 |
| 经　　销：全国新华书店 |
| 开　　本：710 mm×1000 mm　1/16 |
| 印　　张：13 |
| 字　　数：235 千字 |
| 版　　次：2025 年 1 月第 1 版 |
| 印　　次：2025 年 1 月第 1 次印刷 |
| 定　　价：50.00 元 |

策划编辑：鲍红玉　　　　　责任编辑：孟　浩
美术编辑：李向昕　　　　　装帧设计：李向昕
责任校对：宋　星　　　　　责任印制：马　洁

版权所有　侵权必究
读者服务电话：010-58806806
如发现印装质量问题，影响阅读，请联系印制管理部：010-58806364

读懂新课程

丛书编委会

顾　问
顾明远

主　任
田慧生

主　编
张广斌　陈忠玲

编　委（按姓氏笔画排序）

丁明怡　李晓东　杨　利　杨　清　杨明全
吴刚平　吴欣歆　张　悦　张广斌　张志忠
陆志平　陈忠玲　范佳午　胡定荣　桑国元
黄延林　黄晓玲　崔允漷　康世刚　綦春霞

总　序

课程教学是立德树人的关键环节，深化课程教学改革是建设教育强国的重点领域。习近平总书记多次强调课程教学改革的重要性。在 2018 年全国教育大会上，习近平总书记指出，要着眼于"教好"，围绕教师、教材、教法推进改革，探索形式多样、行之有效的教学方式方法，切实在素质教育上取得真正的突破；在 2024 年全国教育大会上，习近平总书记再次强调要全面提升课堂教学水平。新课程承载着党和国家的育人新要求、新使命，深化课程教学改革对于全面落实教育强国建设具有重大战略意义。

我国 2022 年新修订的义务教育课程方案和语文等 16 门学科课程标准颁布，标志着具有中国特色、世界水平的义务教育课程新蓝图绘就，并正式进入素养导向的课程实施阶段。深化课程教学改革是一项复杂系统工程，涉及方方面面。在对新课程的认识理解上，要站在党和国家事业发展全局，坚守为党育人、为国育才使命，整体把握新课程培养目标、课程方案、教学方式、考试评价、专业支撑等的内在逻辑；在新课程落地实施上，强调课程内容的结构化，强化综合学习、学科实践，倡导学习中心课堂，强调时代性、基础性、综合性、实践性等特点，创新探索教育教学新方式，培育课程教学改革新生态。

读懂新课程丛书重点在于推动从政策理念到教学行动的转变，既有从政策理论角度引领新课程教学的导论，又有针对一线教师关切，结合课程教学改革重点难点热点焦点，聚焦大单元教学、项目式学习、跨学科主题学习、STEM 教育、作业设计、中华优秀传统文化教育等重点领域进行的目标引领与实践探索。

为确保政策性、专业性、指导性和实用性，高站位、高品质、高质量，充分发挥不同领域专家在课程教学改革中的专业优势，本丛书邀请高校科研院所专家学者、课标教材修订专家、教研员、一线教师等共研共创、协商对话，促使新课标理念与教学实践融通，让新课标理念落位课堂，培养教师，滋养学生。

本丛书内容主要包括三部分：一是总论部分，主要论述新课程的政策逻辑、顶层设计，以及课程教学改革新生态三方面的内容。二是学科分论或专题分论部分，分别概述并阐释大单元教学、项目式学习、跨学科主题学习等重点领域的教育理念及实施路径。三是教学实施部分，主要呈现新课程政策理念在课堂教学中的具体实践。课例主要由中国人民大学附属中学、清华大学附属中学、北京市十一学校、北京市第四中学、北京市第二中学、郑州外国语学校、重庆谢家湾学校、北京市海淀区中关村第一小学、杭州市春晖小学、贵阳市第一实验小学等全国知名学校的骨干教师参与教学研发。

本丛书将政策、理论、实践相互关联、相互促进。政策提供改革蓝图，理论提供指导思想，实践为新课程落地操作，它们相互依存、相互支撑，共同形成新时代深化课程教学改革的一盘大棋。另外，我们还运用数字技术开发了融媒体资源，打破了时空限制，为读者提供了可视化的、鲜活真实的课堂教学案例。

新课程，是召唤性概念，既具有专业引领性，又具有课程教学改革的牵引性。新课程，是发展性概念，只有扎根教学实践土壤才能不断生长。新课程，还是协同性概念，需要政府、学校、家庭、社会共同培育课程实施新生态。读懂新课程，以行动诠释理念，以成果证明价值；读懂新课程，让课堂充满活力，让教学充满激情，让教育充满智慧；读懂新课程，才能最终实现从理念到行动的转换和升华。

感谢参与本丛书撰写的高校科研院所专家学者、课标教材修订专家、教研员、一线教师。他们的辛苦付出、精益求精的敬业精神和研究态度，保证了本丛书正确的方向性和专业的引领性。感谢北京师范大学出版社的大力支持和精心组织，鲍红玉编辑、郭翔编辑、何琳编辑在书稿前期的体例设计和撰写等方面提出了宝贵的意见，各分册图书责任编辑对书稿文字表述等进行了细致的修改，为本丛书的顺利出版提供了质量保证。

本丛书汇聚了专家学者对新课程的发展性思考，展现了一线教师的实践性创新。我们期待以此为支点，汇集更多新课程战线上的有识之士和中坚力量，撬动课程教学改革不断走深走实，为教育强国建设注入强劲动力。如有不足之处，敬请读者批评指正。

张广斌　陈忠玲
2024 年 10 月

前　言

　　《中共中央 国务院关于深化教育教学改革全面提高义务教育质量的意见》指出探索基于学科的课程综合化教学，开展研究型、项目化、合作式学习。《义务教育课程方案(2022年版)》要求积极开展主题化、项目式学习等综合性教学活动，促进学生举一反三，融会贯通，加强知识间的内在关联，促进知识结构化。《义务教育数学课程标准(2022年版)》要求改变单一讲授式教学方式，注重启发式、探究式、互动式等，探索大单元教学，积极开展跨学科的主题式学习和项目式学习等综合性教学活动，并针对综合与实践领域内容从教学目标、教学活动和教学评价三个方面给出了具体的教学建议。由此可见，项目式学习成为实施新课程理念的重要学习方式之一。数学项目式学习就是以数学方法解决真实生活中的开放性问题为主，引导学生通过合作探究将现实生活问题转化为数学问题，通过合理假设、收集数据，应用数学与其他学科的知识，建立模型，并在真实情境中验证和完善模型的基础上，形成物化成果(包括项目产品、小论文和研究报告等)，最终发展学生的核心素养。

　　本书是读懂新课程丛书之一，内容分为三个模块。模块一"读懂新课程，实现从理念到行动的蝶变"，从新课程的政策逻辑、顶层设计和课程改革新生态等给予理念引领。模块二"数学项目式学习设计与实施"，基于《义务教育数学课程标准(2022年版)》的要求，从主题遴选、目标确定、内容设计、过程指导、成果展示和评价等方面介绍了项目式学习的设计与实施。模块三"数学项目式学习课例精选"，从项目概述、项目目标、项目驱动问题、项目式学习实施过程、项目式学习评价方案、项目实施的关键性课例以及项目反思七个方面给出了中小学的10个课例。总之，本书的内容设计体现了新课程理念的高位引领、数学学科凸显和精品课例实践示范的特色。

　　本书由康世刚、黄延林主编并统稿。模块一由教育部基础教育课程教材研究所的张广斌研究员完成。模块二的数学项目式学习的设计由黄延林完成，数学项目式学习的实施由康世刚完成。模块三的课例由来自北京、重庆、浙江、山东、河南、甘肃和贵州的骨干教师完成。其中，课例一由艾建萍、邓文杰、桂于雁、吴思雨、尹佳佳、蒋灿完成。课例二由肖燕、闫倩倩、余冰、张媛媛完成。课例三由牟朝霞、申娟、苏维平、边惠娟、王桃、孙银桃、赵小龙完成。课例四由孙鲁、王芳、鞠仙、白树兵完成。课例五由周丽、操问、袁丽、王晓琰、陈洋、许佳完成。课例六由汤艳、宋雪梅、黄云龙、李亚林、梁柳明、陈建完成。课例七由王丽娟、李娜、许景杰、郭路、邢杰、冯梦捷、陈柳亚、魏淑敏、李新景完成。课例八由孙芳、李长彦、张雨朦完成。课例九由黄延林、孙娜、徐玲玲完成。课例十由刘祥志、唐文静完成。

在项目式学习的设计和实施过程中，我们参考了北京师范大学桑国元教授关于项目式学习的研究成果。北京师范大学出版社鲍红玉编辑在书稿体例的设计和撰写方面提出了宝贵意见，孟浩编辑对文稿文字进行了细致的修改。在此一并表示感谢！

项目式学习是新课程实施的重要方式，需要大家不断实践并创新。我们对数学项目式学习的设计与实施，特别是课例设计都在探索中，在理论认识和实践操作中还存在不足，敬请读者批评指正。

康世刚　黄延林
2024 年 10 月

目录 CONTENTS

▶模块一
读懂新课程，实现从理念到行动的蝶变

一、站在党和国家事业发展全局的战略高度，把握新课程的政策逻辑 /003
 （一）新课程是新时代国家意志的重要体现，具有鲜明的政治属性 /004
 （二）新课程是新时代科技和经济的思想投射，具有鲜明的时代属性 /005
 （三）新课程是新时代社会和文化的现实观照，具有鲜明的民生属性 /007

二、立足落实立德树人根本任务，系统把握新课程顶层设计的育人初心 /009
 （一）新课程作为落实党的教育方针的关键载体，担负着促进学生全面个性发展的使命 /009
 （二）新课程明确了核心素养新导向，助推着立德树人根本任务落实落地 /011
 （三）新课程作为育人思想的重要体现，刻画着立德树人的实践新样态 /012

三、着眼素养导向的学习中心课堂，培育课程改革新生态 /014
 （一）确立素养导向的教学目标，强调核心素养本位 /014
 （二）建立学习中心课堂，强调以学为主 /015
 （三）培育课程新生态，聚焦新课程实施 /016

▶模块二
数学项目式学习设计与实施

一、数学项目式学习的设计 /023
 （一）数学项目式学习的主题遴选 /023
 （二）数学项目式学习的目标确定 /027
 （三）数学项目式学习的内容设计 /032

目录 CONTENTS

二、数学项目式学习的实施 /036

(一)数学项目式学习的过程指导 /036

(二)数学项目式学习的成果展示 /044

(三)数学项目式学习的评价 /049

▶模块三
数学项目式学习课例精选

课例一 爱心集市 /055

一、项目概述 /055

二、项目目标 /056

三、项目驱动问题 /056

四、项目式学习实施过程 /057

五、项目式学习评价方案 /060

六、项目实施的关键性课例 /063

七、项目反思 /066

课例二 创意功能教室 /069

一、项目概述 /069

二、项目目标 /069

三、项目驱动问题 /071

四、项目式学习实施过程 /071

五、项目式学习评价方案 /074

六、项目实施的关键性课例 /076

七、项目反思 /079

目录 CONTENTS

课例三　纸盒变家具　/082
　　一、项目概述　/082
　　二、项目目标　/082
　　三、项目驱动问题　/083
　　四、项目式学习实施过程　/084
　　五、项目式学习评价方案　/086
　　六、项目实施的关键性课例　/087
　　七、项目反思　/089

课例四　小小校园设计师——我喜欢的楼梯台阶标语　/091
　　一、项目概述　/091
　　二、项目目标　/091
　　三、项目驱动问题　/092
　　四、项目式学习实施过程　/092
　　五、项目式学习评价方案　/095
　　六、项目实施的关键性课例　/097
　　七、项目反思　/100

课例五　重庆小面来一"碗"　/102
　　一、项目概述　/102
　　二、项目目标　/102
　　三、项目驱动问题　/103
　　四、项目式学习实施过程　/104
　　五、项目式学习评价方案　/109
　　六、项目实施的关键性课例　/112
　　七、项目反思　/114

目录 CONTENTS

课例六　营养午餐　/117
　　一、项目概述　/117
　　二、项目目标　/117
　　三、项目驱动问题　/118
　　四、项目式学习实施过程　/119
　　五、项目式学习评价方案　/122
　　六、项目实施的关键性课例　/124
　　七、项目反思　/126

课例七　水是生命之源　/129
　　一、项目概述　/129
　　二、项目目标　/129
　　三、项目驱动问题　/130
　　四、项目式学习实施过程　/131
　　五、项目式学习评价方案　/134
　　六、项目实施的关键性课例　/137
　　七、项目反思　/140

课例八　弦外之音　/143
　　一、项目概述　/143
　　二、项目目标　/143
　　三、项目驱动问题　/144
　　四、项目式学习实施过程　/144
　　五、项目式学习评价方案　/147
　　六、项目实施的关键性课例　/148
　　七、项目反思　/156

目录 CONTENTS

课例九　探究和模拟浮球矩阵的运动　/159

　　一、项目概述　/159

　　二、项目目标　/159

　　三、项目驱动问题　/160

　　四、项目式学习实施过程　/161

　　五、项目式学习评价方案　/163

　　六、项目实施的关键性课例　/165

　　七、项目反思　/176

课例十　体育学科中的数学奥秘——运动强度对心率的影响　/179

　　一、项目概述　/179

　　二、项目目标　/179

　　三、项目驱动问题　/180

　　四、项目式学习实施过程　/181

　　五、项目式学习评价方案　/183

　　六、项目实施的关键性课例　/185

　　七、项目反思　/190

MOKUAIYI

模块一
读懂新课程，实现从理念到行动的蝶变

DUDONG XINKECHENG,
SHIXIAN CONG LINIAN DAO
XINGDONG DE DIEBIAN

科技经济的发展尤其是数智技术的突破，推进并催生着学校教育和整个教育体系的重构，学生学习生活的实体空间和虚拟空间被打通，学校、家庭、社会教育的边界被解构，育人方式正在发生深刻变革，全域教育时代到来。党的二十大报告首次把教育、科技、人才进行"三位一体"统筹安排、一体部署，党的二十届三中全会明确教育、科技、人才是中国式现代化的基础性、战略性支撑。2024年9月，习近平总书记在全国教育大会上发表重要讲话，明确了教育强国的性质和方向，揭示了教育强国的基本特质，提出了教育的政治属性、人民属性、战略属性的科学内涵和实践要求，将党对教育的认识提升到一个新的高度。对党的教育政策、方针的理解必须坚持系统的观念，坚持联系的观点，从政治、经济、文化和社会发展出发来整体把握党和国家对育人的需求。

新课程承载着党和国家的育人需求。课程方案和课程标准是规范基础教育课程运作的纲领性文件，是教育行政部门推进课程改革行动的指导性文件。课程方案明确了培养目标、基本原则、课程设置、课程标准的编制和教材编写、课程实施等内容。课程标准规定着课程性质、课程理念、课程目标、课程内容、学业质量和课程实施等。课程方案和课程标准是教材编写、教学实施、考试评价以及课程管理的直接依据。可以说，谁读懂了课程方案、掌握了课程标准，谁就掌握了课程改革的领导权和话语权。我国2022年新修订的义务教育课程方案和语文等16门学科课程标准正式颁布实施，标志着具有中国特色、世界水平的义务教育课程蓝图绘就并进入实施层面。

课程实施是一项复杂的系统工程，涉及理念、政策、实践等诸多环节，涉及课程标准修订、教材修订、教科研、学校师生等诸多要素，需要利益相关者共同努力、协同推进。读懂新课程，实现从理念到行动的转变，首要在读懂，重点在行动，关键在实效。在对新课程的认识理解上，要站在党和国家事业发展全局，置于国内外政治、经济、社会大环境中，整体把握新课程目标、理念、行动等的内在逻辑；在新课程落地实施上，要在吸纳国内外已有课程教学典型经验和有效做法的基础上，聚焦时代性、基础性、综合性、实践性等课程改革新要求和素养育人新使命，培育新课程新生态，积极探索、大胆创新，力争在教育教学方式变革和提高育人质量上取得新突破。

一、站在党和国家事业发展全局的战略高度，把握新课程的政策逻辑

任何真实的课程改革都是时间和空间维度的过程性存在，都有其植根的社会历史

情境和具体关系，有其在地化的资源、历史和本土反思。将课程置于政治、经济、社会、文化场景中进行理解和建构，是认识新课程政策的逻辑起点。正如再生产理论所强调的，学校教育与社会、政治、经济、文化结构之间存在对应关系；新课程作为课程改革的政策载体，反映着政策生态的性质、特征与现实要求，同政策生态存在投射性关系。① 读懂新课程，不是一头扎进教育，而是要跳出教育认识新课程的精神实质，了解新课程与政治、社会、经济、科技和国家安全的关系，整体把握新课程的理念和内在逻辑。为此，下文从政治、经济、科技、社会和文化等几个维度呈现新课程的政策逻辑，以帮助大家整体认识新课程蓝图的立意初衷。

（一）新课程是新时代国家意志的重要体现，具有鲜明的政治属性

习近平总书记强调，要从党和国家事业发展全局的高度，坚守为党育人、为国育才。党的十八大以来，党中央高度重视课程教材工作，从治国理政的战略高度，强调课程教材建设体现国家意志。新课程作为立德树人的关键载体，具有鲜明的政治属性。这是认识理解新课程的根本所在。

1. 新课程承载着党和国家的政治新使命

一个国家实施什么样的课程，反映并决定着这个国家培养什么样的人和能够培养什么样的人。新时代党的使命任务是以中国式现代化全面推进中华民族伟大复兴。为党育人、为国育才是党和国家在推进中国式现代化过程中的育人要求。新课程是落实党和国家课程改革政策的重要载体，政治性是新课程的第一属性，决定着培养什么样的人、为谁培养人以及如何培养人等核心问题。新课程明确把"以习近平新时代中国特色社会主义思想为指导""全面贯彻党的教育方针"②写进其中，并全面融入课程方案和课程标准；同时，系统吸纳了马克思主义基本原理与中国实际相结合、与中华优秀传统文化相结合等马克思主义中国化最新成果。党的领导是我国政治体制、政治结构和政治关系的根本，是建设中国特色、世界水平的课程体系的根本政治保证。

2. 新课程体现着党和国家发展的战略新要求

义务教育是国家依法统一实施的所有适龄儿童、少年必须接受的基本公共教育，是现代国民教育体系的基石，具有先导性、奠基性、全局性作用。新课程系统体现了党和国家发展战略的时代需要，蕴含着深入实施科教兴国战略、人才强国战略、创新

---

① 屠莉娅：《课程改革与政策生态之关联——基于我国基础教育新课程改革的分析》，载《北京大学教育评论》，2011(3)。
② 中华人民共和国教育部：《义务教育课程方案(2022年版)》，前言1页，北京，北京师范大学出版社，2022。

驱动发展战略对义务教育的育人要求,明确宣告"将个人追求融入国家富强、民族振兴、人民幸福的伟大梦想之中"①,旨在为全面建成社会主义现代化强国、实现中华民族伟大复兴奠定人才基础。可以说,新课程的质量和实施效果将直接关系到党领导的中国特色社会主义事业的巩固与发展,关系到第二个百年奋斗目标和中华民族伟大复兴中国梦的实现,关系到国家的繁荣昌盛、长治久安。

3. 新课程确立为党育人、为国育才的新规格

新课程旗帜鲜明地提出为党和国家培养有理想、有本领、有担当的少年,为德智体美劳全面发展的社会主义建设者和接班人成长奠基,明确了义务教育阶段培养担当民族复兴大任时代新人的具体要求。古今中外,每个国家都是按照自己的政治要求来培养人的。为党育人,就是要为国育才。教育始终是国之大计、党之大计。人才始终是社会主义现代化的第一资源。与 2001 年培养目标"有理想、有道德、有文化、有纪律"的"四有"新人相比,新课程进一步凝练提升为"有理想、有本领、有担当"的"三有"少年。"有理想"一以贯之、内涵不断丰富,"有本领、有担当"更加凝练聚焦。新课程的政治属性更加凸显,明确要求"热爱祖国,热爱人民,热爱中国共产党,学习伟大建党精神"②,加强政治修养,增强"四个自信",从小树立远大理想,扣好人生第一粒扣子。

(二)新课程是新时代科技和经济的思想投射,具有鲜明的时代属性

经济基础决定上层建筑,也制约着课程改革的政策空间;科技和经济发展与课程教学关系日趋紧密,课程结构对科技和经济变革有很大的依从性。新课程的政策主张反映着科技和经济发展的环境变迁。由于特定政策观念及执行中的政策具有其存在的某种经济条件,当后者发生了变化或被认为发生了变化时,现存政策的所有部分都要解体,然后一种可能的、包括新要素的政策将被制定出来。③ 20 世纪 80 年代以来,特别是我国加入世界贸易组织之后,我国经济经历了从计划经济体制向市场经济体制的加速转型,市场配置和自由竞争推动着经济环境更加开放包容,科技和经济发展的一体化形态更迭出现,新课程思想要素与科技和经济的生态联结愈加紧密。在以往党

---

① 中华人民共和国教育部:《义务教育课程方案(2022 年版)》,2 页,北京,北京师范大学出版社,2022。
② 中华人民共和国教育部:《义务教育课程方案(2022 年版)》,2 页,北京,北京师范大学出版社,2022。
③ [英]斯蒂芬·鲍尔:《政治与教育政策制定——政策社会学探索》,王玉秋、孙益译,78 页,上海,华东师范大学出版社,2003。

代会报告中，科技一般被安排在经济建设中，教育一般被安排在社会建设中，人才被安排在党的建设中。立足新时代新征程，党中央突出强调了创新在我国现代化建设全局中的核心地位。立足实施科教兴国战略，强化现代化建设人才支撑的大局，着眼全面建设社会主义现代化国家，必须开辟发展新领域新赛道，不断塑造发展新动能新优势，全面深入实施坚持教育优先发展、科技自立自强、人才引领驱动的重大举措。

1. 新课程反映着新科技和经济发展的主体性要素

党的二十大报告明确提出，高质量发展是全面建设社会主义现代化国家的首要任务，把实施扩大内需战略同深化供给侧结构性改革有机结合起来，加快建设现代化经济体系，着力提高全要素生产率。党的二十届三中全会要求健全因地制宜发展新质生产力体制机制，并做出全面部署。新科技和经济形态下的经济制度结构、经济状况和面向未来等要素，尤其是大数据电子商务的发展，在市场供需关系中使需求方的主体性地位更加凸显。同时新科技和经济形态需要人人拥有市场主体意识、市场生存发展能力，要求经济主体成为自我负责、自负盈亏者。市场中的人就是要自我负责，供需关系中需求方主体性地位的突出投射在新课程中就要求新课程培养适应新科技和经济的人。在教育供需关系中，学生的主体需求更加凸显。一方面，学生不再是知识的被动接受者，而是学习的主体，具有独立精神和自我生活诉求；另一方面，学生是知识建构者和主体性存在者，学生的学习需要直接反映着社会政治经济生活对学生的要求，刺激新课程内容的重构和优化。新课程明确提出"为每一位适龄儿童、少年提供适合的学习机会"①，在学习方式上倡导"创设以学习者为中心的学习环境，凸显学生的学习主体地位"②，同时"发挥新技术的优势，探索线上线下深度融合，服务个性化学习"③；在学习内容上强调精选课程内容，注重培养学生的爱国情怀、社会责任感、创新精神和实践能力，为未来发展奠基。这些都是新科技和经济主体性要素在新课程中的映射。

2. 新课程反映着新科技和经济发展的公共性思想

面对国内外经济发展新常态，我国正在大力推动数字经济，加快形成以国内大循环为主体、国内国际双循环相互促进的经济发展新格局。为此社会需要建立更加彰显

---

① 中华人民共和国教育部：《义务教育课程方案（2022年版）》，4页，北京，北京师范大学出版社，2022。

② 中华人民共和国教育部：《义务教育课程方案（2022年版）》，14页，北京，北京师范大学出版社，2022。

③ 中华人民共和国教育部：《义务教育课程方案（2022年版）》，14页，北京，北京师范大学出版社，2022。

民主与公平的公共生活模式，构建与新经济环境相契合的机制与规范，促进更大范围的经济生活公共参与。这反映了公众的公共性诉求。新课程强调教师不再是权威的知识传授者，而是课程政策公共性的代表者和实施者；教师通过对课程的理解与创造性建构走向对课程的适应和创生。课程政策话语更加强调基础性、共同性，凸显基本公共服务的价值理念与课程实践。新课程在政策运行上打破了高度集中的科层行政模式，拓展了政策制定的公共参与范围，引入专家参与、论证、咨询等更为开放、民主且有效的机制；在课程政策管理上明确了国家、地方和学校三级课程管理体制，使课程改革的多方创造性得到进一步激活。

3. 新课程反映着新科技和经济发展的开放性样态

创新是引领经济发展的第一动力，是建设中国式现代化的重要战略支撑。实现我国经济更高质量、更有效率、更加公平、更可持续的发展，必须坚持改革开放。改革开放促进我国经济与国际接轨，积极吸收借鉴其他国家和世界组织在科技和经济领域的典型经验和成功实践，特别是世界知识经济、数字经济等新思想、新要素为我所用。比如，在数字经济时代，数据成为代替土地、劳动力、原材料和资本等促进经济发展的直接资源和动力，引发产业结构的巨大调整。这些新要素、新形态不仅对学生核心素养发展提出了新要求，还是推动课程变革的新动力。新课程以更加开放的姿态，对经济新形态的人才素质和结构新需求进行了系统呈现。为此，新课程进一步明确了培养学生的核心素养，增加了信息科技等新元素，更加凸显了课程的育人功能，实现了核心素养目标在整个基础教育的贯通设计，实现了课程目标、课程内容、课程结构、学业质量、教学和评价等方面的系统转型升级。

（三）新课程是新时代社会和文化的现实观照，具有鲜明的民生属性

课程改革是特定历史时期和特定社会的产物，应以社会文化为背景，为社会文化发展服务。课程政策与社会文化发展的关系是课程改革永远无法回避的问题。伴随着中国特色社会主义进入新时代，我国社会主要矛盾已经转化为人民日益增长的美好生活需要和不平衡不充分的发展之间的矛盾。人民的美好生活需要日益广泛，不仅对物质文化生活提出了更高的要求，而且在民主、法治、公平、正义、安全、环境等方面的要求日益增多。社会学家拉尔夫·达仁道夫（Ralf Dahrendorf）认为，我们没有看见过一个社会，在那里所有的男人、妇女和儿童都能享有同样的应得的权利和同样的供给。其原因就在于每种社会都必须协调人的不同的任务，不过也必须协调人的权益和能力。① 面对现实社会生活的多样性、多元性和多指向性，社会公平和正义导向的社

---

① ［英］拉尔夫·达仁道夫：《现代社会冲突》，林荣远译，38页，北京，中国社会科学出版社，2000。

会治理必须对现实社会的各种复杂利益诉求进行约束、协调和引导。这也是当前课程改革的社会性新要求。

1. 新课程促进着社会公平正义的实现

改革开放以来，我国经历着社会结构的变迁，出现了政治领域、经济领域和公共领域或社会组织，特别是伴随着自媒体、大数据、人工智能等快速发展产生了大量虚拟社区、社群等准公共领域。这种社会结构的变迁直接带来民主参与社会、政治、经济活动和政策制定的热情，以及维护国家权力和自身利益的觉醒。新课程不仅反映了公共政策运行的基本社会结构和关系，还为公共政策的运行提供了必要的精神动力，引导和协调社会文化和价值观的传播，为公共政策运作提供了充分的智力条件。[1] 新课程作为促成社会正义的公共政策产品，为每个人提供学习和发展的均等机会；作为一种公共服务，则承担着促进社会发展和学生主体发展的双重使命。

2. 新课程传承着社会主流文化价值观

党和国家高度重视文化价值建设，特别是党的十八大以来，以习近平同志为核心的党中央明确提出培育和践行社会主义核心价值观、弘扬中华优秀传统文化、铸牢中华民族共同体意识等新要求。新课程在这些方面做了呈现：有机融入习近平新时代中国特色社会主义思想；有机融入中华优秀传统文化、革命文化和社会主义先进文化，以及法治、国家安全、民族团结、生态文明等内容。

3. 新课程承载着人民对美好生活的新向往

世界百年课程改革实践表明，各国普遍把课程改革作为推动社会发展和经济繁荣的重要举措，不断强化国家课程在发展战略中的地位和作用。党的十九大以来，我国经济社会发展取得一系列重大成就，人民对美好生活的向往之情与日俱增，对高质量教育的需求日趋强烈。二十多年来的课程改革由早期的质疑、批判、论争到近些年的研究阐释、主动布局，凝聚着共识的课程改革文化生态正在逐步形成。这也反映了社会对新课程的共同期盼，正所谓具有正义感、责任感、政策目标群体的成员有良好的心理素质，制定的政策不仅体现公正、合理，而且执行起来顺畅。[2] 课程作为文化资本，代表的是社会主流文化，与个人的前途、命运、社会地位息息相关。面向未来的新课程不仅奠定着共同社会结构的基础，也在话语体系上与社会生活的联系更加紧密，越来越大众化。

---

[1] 屠莉娅：《课程改革与政策生态之关联——基于我国基础教育新课程改革的分析》，载《北京大学教育评论》，2011(3)。

[2] 吴立明：《公共政策分析》，75页，厦门，厦门大学出版社，2006。

总体来看，在人类历史上，没有任何一个时期像当今时代，新课程与政治、科技、经济、社会和文化发展的联系如此紧密。可以说，政治、科技、经济、社会和文化发展不仅决定着新课程政策的核心思想、生命周期，还决定着新课程政策的未来取向和行动。这是认识理解新课程的政策逻辑起点。

二、立足落实立德树人根本任务，系统把握新课程顶层设计的育人初心

课程是教育发展到一定阶段的历史产物，与教育的目的性和人类文化知识量的积累密切关联。当有目的、有计划、有组织的教育和人类文化知识累积到一定程度时，理性选择与逻辑组织是课程存在和发展的前提。课程自从出现后就成为教育的基石，课程改革亦成为教育改革的核心。课程在横向上与知识类型有关，在纵向上与主体人的知识内生过程有关。这种认识和关系一直延续至今，并不断得到拓展延伸。新课程以学生的身心发展为主线，明确了新时代义务教育阶段的培养目标，对教育发展的新使命、新样态、新趋势进行了系统的内化与呈现，进一步增强了育人目标的针对性、时代性，系统回答了培养什么人、怎样培养人、为谁培养人的根本问题。这是厘清课程与教育、课程改革与教育改革，特别是立足育人认识新课程的现实起点。

（一）新课程作为落实党的教育方针的关键载体，担负着促进学生全面个性发展的使命

课程政策不仅具有鲜明的本国教育历史与时代烙印，而且反映着世界教育发展趋势。新中国成立后，课程改革经过了学习苏联、借鉴西方等几十年的探索实践，当前又走到扎根我国历史文化传统，确立具有中国特色、世界水平课程体系的建设道路上。新课程在这些方面进行了优化完善，特别是进一步凸显了学生全面个性发展的政策、规律和实践性。

1. 新课程把落实党的教育方针置于根本性地位

20世纪90年代，党中央把培养德、智、体全面发展的建设者和接班人确立为党的教育方针，指出教育必须为工农服务，必须为国家的生产建设服务。1999年，《中共中央 国务院关于深化教育改革全面推进素质教育的决定》提出"美"的人才培养要求，强调教育必须为社会主义现代化建设服务，必须与生产劳动相结合，培养德、智、体、美等方面全面发展的社会主义事业建设者和接班人。2018年，习近平总书记在全国教育大会上提出"培养德智体美劳全面发展的社会主义建设者和接班人"的新要求。德、智、体、美、劳"五育"并举的人才培养新思想为我国教育发展和课程改革指明了

新方向。"德、智、体、美、劳"的提出是对"德、智、体""德、智、体、美"育人的进一步拓展和丰富、延续和发展，是中国特色社会主义教育持续创新发展的最新成果。党的教育方针将马克思主义关于人的全面发展思想贯穿到社会主义教育培养目标中，指明了新时代建设教育强国必须牢牢把握的前进方向。新课程承载着对党的教育方针的新认识和对时代教育需求的新回应。当下应以党的教育方针为根本指引，整体设计和系统完善义务教育新课程，落实"五育"并举和创新性人才培养要求，一体化设计道德与法治课程，将科学、综合实践活动课程提前至一年级开设，强化课程育人的整体性和系统性。同时，新课程强调将劳动、信息科技的内容从综合实践活动课程中独立出来，完善艺术课程，以音乐、美术为主线，融入舞蹈、戏剧、影视等内容。

2. 新课程贯穿融通着教育发展规律

尊重和敬畏教育规律是课程政策制定者应具备的教育自觉，好的课程政策要遵守间接经验与直接经验相结合、掌握知识和发展智力相统一、传授知识与思想教育相统一、教师主导与学生主体相统一等规律。进入 21 世纪以后，我国课程改革正是遵循教育规律、把握教育特性、体现社会发展和人的全面发展现实需要的教育变革。新课程体现着人的全面个性发展思想和教育规律的贯穿融通，按照社会主义教育方向，更加注重为学生全面发展和教育现代化建设服务的有机统一。一方面，按照育人逻辑，进行教育内容选择、组织和课程内在结构完善；另一方面，按照育人与成才逻辑，更加注重教育与社会实践相结合。这些新时代人的全面个性发展和教育规律有机融合的课程设计逻辑彰显着新课程的时代教育新元素、新特征。

3. 新课程内含教育的底层实践逻辑

育人为本的教育包含价值性和工具性双重属性，两者在人才培养规格和方式上存在差异。价值性重在培养人格，教授怎么做好人、达到人格完备；工具性重在培养专业人才，教授具体工作怎么完成。在工业化和后工业化时代，整个社会呈现出教育伴随科技发展进步的历史主线。传统与现代之间存在的对立性、同化性和支撑性等关系，以及工具与价值理性之间存在的冲突、平衡和融合等关系，成为推动课程改革的重要维度和关键要素。人们被调动起来加入科技引发的工具性竞争，需要分科教育不断细化扩张，释放教育的工具性能量。工具性教育越专业化、分科越详尽，人的视野就会变得越狭隘，整体理解和把握能力也就越匮乏。在数字时代，工具性与价值性呈现新现象、新样态。新课程一方面保持着对教育工具性的延续和扩张；另一方面强调对教育价值性的回归，试图以综合性打通各学科的底层逻辑，实现对人的全面发展的支撑。新课程提出的核心素养在不同学科存在不可替代性和外在表现差异，但在底层逻辑上都是对人性的回应、对人的健全人格的塑造。

（二）新课程明确了核心素养新导向，助推着立德树人根本任务落实落地

面对为党育人、为国育才和落实立德树人根本任务的新要求，新课程的载体做了较大调整完善。相较于2001年版、2011年版的课程方案和课程标准，新课程的结构框架进一步完善，课程性质、功能定位、内容质量和编写要求、课程实施以及管理等更加具体明确，特别是核心素养、学业质量标准等有重要突破，推动了新课程话语体系和课程生态文化的创新发展。总体来看，新课程在核心素养导向上更加明确，在学业质量标准上更加具有可操作性，使立德树人育人目标的落地路径更加清晰。

1. 培养学生的核心素养是新课程落实立德树人根本任务的集中体现

新课程强调围绕学生的核心素养，深化对育人价值的理解和认识，按照教学内容和教学活动的素养要求，精选和设计课程内容，精准设定教学目标，把立德树人根本任务落实到具体教育教学活动中，实现对学生正确价值观、必备品格和关键能力的培养。新课程强调以学生核心素养为纲，统领课程教学的话语体系。核心素养是后天经过学习逐步养成的，强调学习知识或技能之后能做什么、能解决什么问题。可以说，核心素养是三维目标的整合与提升，是学生学习课程后所具有的正确价值观、必备品格和关键能力。不同于以前的义务教育课程知识与技能、过程与方法、情感态度与价值观三维目标，新课程在知识基础上更加注重对关键能力的培养。同时，核心素养是义务教育阶段学生应具备的素养，是课程育人价值的集中体现。核心素养贯穿课程标准修订的全过程，统领课程标准的各部分，使课程标准各部分保持内在的一致性和统一性。在这个意义上，课程越来越成为教育问题而不仅仅是学科问题，课程标准的教育学味道越来越浓了，甚至可以说课程标准就是一门基于课程的"教育学"。

2. 学业质量标准是新课程结构自我完善的重要新突破

质量是所有活动的落脚点，质量标准是核心的标准。坚持育人为本，强化学业质量指导，明确各学科的学业质量标准，引导和帮助教师把握教育教学的深度和广度，为课程实施与评价提供依据，是这次新课程的亮点。在原有教学大纲内容要求的基础上，2001年、2011年颁布的义务教育课程标准呈现了内容标准，作为以知识点为载体的内容标准实现了里程碑式进步。前两版课程规定了教什么、学什么，但对于教成什么样、学成什么样等缺乏质量标准依据。新课程在结构上进行了完善，增加了学业质量标准，明确了学生在完成课程学习之后的学业成就综合表现。这里强调的不是知识点的成就表现，而是知识的综合运用。学业质量是学生在完成一门课程的阶段性学习后的学业成就表现，是学生在学完相应课程内容后发生的变化和收获，是以学生核心素养及其表现水平为主要维度，结合课程内容，对学业成就表现的总体刻画。学业质量标准不仅是作业、测验的依据，还是过程评价、结果评价与考试命题的依据。

3. 新课程设置更加科学合理，弹性适应学制安排

新课程中不同类别课程的性质和要求更加清晰明确。国家课程奠定共同基础，由国务院教育行政部门统一组织开发、设置，要求所有学生必须按规定修习。地方课程和校本课程强调拓展补充、兼顾差异。其中，地方课程由省级教育行政部门确定开发主体、统筹开发，并给予学校一定的选择权；校本课程由学校组织开发，原则上由学生自主选择，以多种课程形态服务学生的个性化学习需求。新课程强调九年一贯设置科目，小学以综合课程为主，初中采取分科与综合相结合的形式。同时，新课程赋予"六三"学制和"五四"学制更大的弹性空间，在科目设置上要求更加明确，比如，关于历史、地理在初中阶段开设的问题，新课程明确实施"五四"学制的地区可从六年级开设地理。在新授课总课时不变的情况下，新课程明确了年级周课时和各门课程总课时的上下限，增加了劳动教育内容，要求信息科技单独设课，使课程设置更加科学合理，更有利于核心素养落地。

（三）新课程作为育人思想的重要体现，刻画着立德树人的实践新样态

我国基础教育课程改革育人目标经历了从"双基"到"三维目标"再到"核心素养"的不同发展阶段，完成了从知识到学科再到育人的转向。新课程颁布实施推动着课程改革进入以人为本和核心素养的新时代。从以教为主转向以学为主、从以讲解接受为主转向以活动建构为主是育人方式变革较为集中、典型的表现。

1. 强调课程内容结构化，强化学习逻辑

当课程育人目标由"三维"走向核心素养时，课程内容的组织方式也随之改变。新课程以核心素养为纲，选择具有核心素养成分和价值的学科知识内容并进行结构化组织，以大观念、主题、任务等实现对课程内容的结构化。大观念、大概念等是一门学科知识内容体系中有解释力、统整力和渗透力的知识，这种知识内含学科思想、学科方法、学科思维，是核心素养在学科的体现。不同学科的课程标准对此的称谓不同。比如，语文课程标准"任务群"，其他学科课程标准"主题""任务""项目"等，本质上都强调以素养为纲，构建以主题、任务、大单元等为形式的教学内容结构单位。强调大观念、大概念等，一方面旨在对学科知识内容进行精选和提炼，实现少而精的目标；另一方面旨在对学科知识内容进行重构和组织，实现有机整合的目标。长期以来，教育教学中存在学生学习的生活立场与学科立场、生活逻辑与学科逻辑的左右摇摆、相互批判甚至对立现象。新课程站位学习逻辑，强调生活逻辑对学习对象的整体感知，同时强调学习的学科逻辑进阶，通过习得过程实现从基础知识和基本技能向核心素养的升华。学习逻辑淡化阶段性目标、过程目标，强调内容结构化，从而实现素养目标。

例如，地理课程从空间尺度视角对课程内容进行组织，按照"宇宙—地球—地表—世界—中国"顺序，引导学生认识人类地球家园。地理课程以认识宇宙和地球的关系、地理环境与人类活动的关系为主要线索，将地理实践活动和地理工具运用贯穿其中，形成将学科知识与学科活动融为一体的课程内容结构。又如，英语课程内容由主题、语篇、语言知识、文化知识、语言技能和学习策略等要素构成，围绕这些要素，通过学习理解、应用实践、迁移创新等活动，可以推动学生的核心素养在课程学习中持续发展。英语课程内容的六个要素是一个相互关联的有机整体，共同构成核心素养发展的内容基础。其中，主题具有联结和统领其他内容要素的作用，能为语言学习和课程育人提供语境范畴。

2. 加强学段衔接，强化综合学习

《中华人民共和国国民经济和社会发展第十四个五年规划和2035年远景目标纲要》和联合国教科文组织发布的《共同重新构想我们的未来：一种新的教育社会契约》，强调未来需要学科深度融合，教育需要跨学科，需要变革育人方式。新课程注重幼小衔接，在小学一至二年级注重活动化、游戏化、生活化学习设计；同时结合学生从小学到初中在认知、情感等方面的发展特征，呈现课程深度、广度变化，进而体现学习的连续性和进阶性。新课程进一步增强了课程的综合性和实践性，强调积极开展主题化、项目式学习等综合性教学活动，设置占本学科总课时10%的跨学科主题学习活动；同时提出强化学科间的相互关联，促进知识结构化。

3. 创新育人实践，强化评价改革

育人实践是运用学科的概念、思想与工具，整合心理过程与操控技能，解决真实情境中的问题的一套典型做法，是具有育人价值意蕴的典型教学实践。育人实践直接的体现就是学科实践。学科实践不是为了改造或改变学科世界，而是为了培育学生的核心素养。任何基于实践、通过实践的学科学习都是学科实践的表现。比如，各学科新课程标准倡导的观察、考察、实验、调研、操作、设计、策划、制作、观赏、阅读、创作、创造等活动，让学生真实地感受到知识的来源和背景，体验到知识的用处和价值并发展学以致用的能力。这是核心素养的形成之道，也是新课程倡导基于情境、问题、任务、项目进行学习之所在。

基于此，新课程在教学要求中提出注重做中学，强化学科实践育人，引导学生参与学科探究活动，经历建构知识、运用知识、解决问题、创造价值的过程，在实践中体会学科思想方法；强调知识学习与学生经验、现实生活和社会实践之间的联系，注重真实情境的创设，进一步增强学生认知真实世界、解决真实问题的能力。同时，新课程倡导基于证据的评价，增加教学和评价案例，强化如何教的具体指导，注重对学习过程的观察、记录与分析；强调对话交流，关注学生真实发生的进步，注重自我总结、反思和改进的意识和能力；注重动手操作、作品展示、口头报告等多种评价方式。

三、着眼素养导向的学习中心课堂，培育课程改革新生态

推动新课程从理念走向实践的行动，应是在新的育人理念和任务要求基础上的优化升级，而不是把原有经过实践检验的有效探索搁置一边甚至推倒重来。素养导向的新课程为素养导向的新课堂教学提供了政策空间，主要表现在：在教学目标上，强调知识本位转向素养本位，确立素养导向的教学目标；在教与学的关系上，强调以教为主走向以学为主，建立学习中心课堂；在学习方式上，强调从间接经验的"坐而论道"到与学科实践的相得益彰，构建实践育人方式；在知识内容上，强调从知识教学走向知识统整的大概念、大单元、大主题等教学。素养导向的新课堂教学一方面打破了传统课堂的内涵、外延，实践着育人在哪里发生，哪里就是课堂的理念，特别是大数据、人工智能在教育中的广泛应用建构着新的课堂教学新时空；另一方面要求在育人方式和人才培养模式上进行深刻变革和创新，而不是进行零星的、局部的、简单的、表层的改变与调整。课程改革二十余年，无论师资、条件保障，还是制度机制建设，都具备了较好的改革基础。同时伴随着课程改革进入深水区，后续改革的难度和复杂程度将会进一步凸显。素养导向的新课堂教学需要好的课程实施生态。实践表明，没有好的课程实施生态，再好的课程政策也会水土不服、难以落地。

（一）确立素养导向的教学目标，强调核心素养本位

教学目标是教学活动实施的方向和预期达成的结果，是一切教学活动的出发点和最终归宿。确立素养导向的教学目标并组织实施教学活动是新课程教学的基础和前提。

1. 确立素养导向的教学目标

素养导向的教学目标设计与表达是新课程相较以往的话语体系的不同之处。在教学目标上，我国课程改革经历了"双基""三维目标""核心素养"三个阶段。"双基"本位的教学把基础知识和基本技能的理解与掌握作为教学目标；"三维目标"本位的教学把知识与技能、过程与方法、情感态度与价值观的落实、经历、体验作为教学目标；"核心素养"本位的教学把素养的培育作为教学目标，也就是核心素养等于"正确价值观＋必备品格＋关键能力"。

素养导向的教学目标表达也必然面临着一个素养与知识的关系性存在。素养不是天上掉下来的，每门学科的知识都以各种形式蕴含着价值观、必备品格、关键能力。这是学科的育人价值所在。也就是说，核心素养基于知识、高于知识，是从知识中提炼出来的"精华""营养"。素养导向的教学就是把学科知识转化为学生核心素养的过程。同时，学科知识必须根据核心素养来选择、组织并转化为课程知识。课程知识要少而精，指向核心素养。

所有学科要基于核心素养确立教学目标，以核心素养的形成、落实、发展为教学目标和要求，即遵循着核心素养—课程目标—教学目标的具象逻辑，实现着教—学—评的一致性。这就要求揭示具体知识内容与核心素养的关联，把核心素养作为教学目标，进而避免以单纯识记和掌握知识点为教学目标。

以数学课程标准的教学建议为例。教学目标的确定要充分考虑核心素养在数学教学中的培养。每一个特定的学习内容都具有培养相关核心素养的作用。要注重建立具体内容与核心素养主要表现的关联，在制定教学目标时将核心素养的主要表现体现在教学要求中。例如，确定小学阶段"数与运算"主题的教学目标时，关注学生符号意识、数感、量感、运算能力等的形成；确定初中阶段"图形的性质"主题的教学目标时，关注学生空间观念、几何直观、推理能力等的形成。[①]

2. 把素养导向的教学目标落实在具体教学中

素养导向的教学在确立核心素养在教学中的核心地位的基础上，要实现教学的一切资源要素、环节流程、实践活动等围绕核心素养组织和展开，并最终指向学生核心素养的发展。具体包括以下三方面。一是以核心素养为教学的出发点。教学面临的首要问题是为什么而教的问题。可以说，为核心素养而教是新课程区别于以往为知识而教的教育教学的分水岭、分界线。二是以核心素养为教学的落脚点。教学成效最终要落在学生核心素养的形成和发展上，而不是"双基""三维目标"的掌握上。这也是检验教学的有效标准。三是以核心素养为教学的着力点。素养导向的教学必须在核心素养的形成上发力，把教学的宝贵时间和精力投放在学生核心素养培育上。这是评价教学的重要依据。

（二）建立学习中心课堂，强调以学为主

教与学的关系是贯穿教育教学活动始终的一对主要关系，由教与学的关系产生的问题不仅是教学论研究对象，还是课程改革的一对永恒主题。历史上各种教学理论和

[①] 中华人民共和国教育部：《义务教育数学课程标准（2022年版）》，84页，北京，北京师范大学出版社，2022。

教学改革基本上都是围绕教与学这一对关系展开的。素养导向的教学改革必须重视教与学的关系变革，明晰教与学的关系立场。

1. 建立学习中心课堂是全面深化课程教学改革的必然要求

改革的核心要义是解放人，教学改革的宗旨是解放学生。从教走向学是当前世界教学改革的共同价值旨归。新课程改革强调从教走向学、倡导学习方式变革，也取得了明显成效，创造了自主、合作、探究等典型经验。总体看，现实中"教"的本位意识和讲授中心课堂尚未得到根本性改变，以教为主向以学为主的转变还有一定差距。从根本上实现以教为主向以学为主的转变，推进教与学关系的根本性调整，是新课程的价值使然，更是建立新课堂教学的首要任务。试想，以教师讲授活动为主的课堂无论采用什么新颖的模式，或者以什么新奇的样态出现，即使是非常吸引学生的注意力，甚至一时取得多么显著的成效，都不是教学改革的方向和正道。全面推进教与学的根本性调整，实现以教为主向以学为主的转变，才是教学改革的根本方向和长久之计。

2. 建设学习中心课堂是核心素养落地的必然要求

学习中心课堂要以学习为主活动、主形式、主线路，这是激活学生学习的潜力、能力、实力的基础。只有学生学的力量被激活释放，知识才能有效转化为学生素养，素养导向的教学才能有效落地。一方面，课堂教学要建立在依靠、利用、发挥学生的学习潜力、能力和实力之上。教学过程是教不断转化为学的过程，最终实现教是为了不教。培养能力的路径就是使用能力，让教学走在发展的前面，引领、刺激、带动学生学习能力的发展。另一方面，课堂教学要以学生的学习活动为主。课堂教学的设计、组织必须以学生的学习为主线，让学生的学习从不知到知、由浅入深、由表及里、从感性到理性。学生的学习活动包括自主学习、合作学习等。这些新形态的学习应占据课堂的主要时空并成为课堂教学的主要形态，进而让学生的学习在课堂教学中真实、深刻、完整发生。

（三）培育课程新生态，聚焦新课程实施

新课程实施生态由政府主导、学校主体、社会协同、专业和技术支持的价值行为系统组成。[①] 构建新课程实施新生态，是当前乃至今后相当长时期新课程实践面临的首要任务。

1. 构建新课程实施的政治文化生态，发挥新课程实施的政府主导功能

任何教育改革都是思想价值观念的变革，深受制度机制和利益的触动。应试教育

---

① 张志勇、张广斌：《义务教育课程改革的政策逻辑与生态构建——〈义务教育课程方案和课程标准（2022年版）〉解读》，载《中国教育学刊》，2022(5)。

政绩观不改变，功利化、短视化教育盛行，立德树人的根本任务就难以落实。新课程必须构建管、办、评、督一致的课程实施新生态。

一是明确四级课程实施主体。新课程首次提出国家、省、地市县和学校四级课程实施主体，要求各司其职、各尽其责，协同推动新课程落地实施。国务院教育行政部门负责指导省级教育行政部门全面落实国家课程、建设地方课程、规范校本课程；省级教育行政部门负责统筹规划本区域课程实施安排、资源建设与利用等，同时指导督促地市县级课程实施；地市县级教育行政部门负责课程实施过程的检查指导，提供条件保障；学校被赋予课程实施的责任主体地位，负责健全课程建设与实施机制，制定有效措施，加强教师队伍建设，提升课程实施能力。

二是建立课程实施监测机制。课程质量监测的目的是服务、反馈、改进和推动新课程更好实施，是课程实施政治文化生态的重要内容。新课程首次提出"开展国家、省两级课程实施监测"[1]，明确教育部和省级教育行政部门委托专业机构进行课程实施监测。监测范围覆盖国家课程、地方课程和校本课程，监测内容包括课程开设、课程标准落实、教材使用、课程改革推进等方面，同时把党中央和国务院系列教育要求等作为监测重点。

三是建立课程实施督导机制。建立课程实施督导机制旨在督导课程实施环境和条件保障，明确要求对地方各级人民政府课程实施保障情况、学校课程开设和教材使用情况进行督查，并把义务教育质量监测结果作为课程实施质量的重要指标，以督导确保义务教育课程开齐、开足、开好。

2. 构建新课程实施的学校文化生态，赋予学校教师课程实施的自主权

只有赋予教师课程改革的主体地位，教师才能成为课程改革的第一责任人，才能真正在实践中自觉把新课程理念落地。

一是营造素质教育课程改革的文化生态。广大教师应深刻把握新课程的性质、定位及新理念、新变化，形成新课程改革的内在自觉和自主实践。

二是教师专业发展和心灵成长相结合。教学是一项专业化事业。教师要避免专业恐慌和专业孤独，在专业共同体中获得专业支持、享受专业成长的幸福。教师专业成长要建立纵向衔接、横向交叉的研究共同体。学科教研在现有基础上要进一步探索基于学校的跨学科、跨年级教师教研共同体，让更多教师承担起课程实施主体责任并将其转化为自觉行动；探索基于区域的跨学科、跨年级教师教研共同体，解决区域层面

---

[1] 中华人民共和国教育部：《义务教育课程方案（2022年版）》，16页，北京，北京师范大学出版社，2022。

的新课程育人短板问题,引领区域课程发展方向;同时促进教师能力建设与心灵成长相结合。好的课程实施不仅需要教师的专业成长,还离不开教师的心灵成长。美好心灵需要教师自我呵护,更需要人们对教师职业的尊重。没有教师的心灵成长和人们对教师职业的尊重,教师很难发自内心地关爱学生,新课程实施也将会大打折扣。

三是拓宽教师新课程实施的自主空间。目前,学校作为千条线中的"一根针",还存在疲于应付各种活动检查,以至于出现教师教书育人主业被副业化的现象。学校既不能两耳不闻窗外事,也不能被社会事务缠身、过度社会化。地方和学校要研究教师工作日常,为教师减轻负担;同时,建立教师实施新课程任务责任清单制,确保教师课程教学、研究和交流研讨时间,以及保障课程教学、教科研等经费,明确教育政治红线,让教师轻装上阵、全身心投入课程改革。

3. 构建以数字为底层的新课程实施的社会文化生态,形成协同育人合力

在数字时代,学校、家庭、社会教育边界被解构,人人皆学、处处能学、时时可学成为现实。人与地球的关系、人与技术的关系都在发生着深刻的变化,这正在改变着人与人的关系。这带来了新的可能,也凸显了整个世界是相互关联的。我们的教育系统应该更加重视世界的关联性,体现关联性的力量源泉作用。学校教育作为立德树人主阵地,就必须走出"知识再生产"的"孤岛"状态。同时,数字技术在教育教学中被广泛应用,数字教育教学正在成为推动课程实施的新动能,以数字为底层的教育教学成为数字时代课程改革的新样态。

一是提高协同育人的认识站位。学校、家庭、社会协同育人,无形中给教师增加了工作量,带来较大的工作压力。要解决这一问题,首先要从理念认识上明确学校、家庭、社会协同育人机制是教育体制机制的重要组成部分,是国家、地方或学校为了达到协同育人的效果而制定的有关设计安排、有效运转以及考核评价等系统性制度。[①]

二是做好协同育人的优质教育资源供给。义务教育新课程的实施特别需要社区、家庭教育资源的支撑。开放的、多元的教育资源供给是义务教育新课程实施的必备条件。

三是多举措推进学校、家庭、社会协同育人。新课程呼唤学校、家庭、社会教育新生态。学校教育以学科教育为主,家庭教育以生活教育为主,社会教育以实践教育为主,三者应相互协同、相互支撑、相互补充。

---

① 张广斌、陈朋、王欢:《我国学校家庭社会协同育人的政策演变、研究轨迹与走向》,载《北京教育学院学报》,2021(6)。

4. 构建新课程实施的专业和技术文化生态，提升新课程实施能力和水平

当今教师工作的专业化、智慧化、协同化要求越来越高，义务教育新课程的实施离不开良好的专业和技术文化生态。新课程实施专业支持系统建设尤为重要，要加快建立新课程、新教材落地的专业服务体系。

一是强化新课程实施的国家专业支持。国家层面依托课程教材专家团队和教材研制出版单位，研制义务教育课程实施指南，依据学业质量标准研制学生分层作业训练体系，开发学业质量评价标准工具，提供大量可供选择的优质教学案例资源；组织创建新课程创新实施示范区、示范校，及时把典型经验和成果向全国宣传推广，适时组织开展新课程资源案例遴选工作，进一步提高教师对课程资源的选择性和利用率。

二是强化新课程实施的区域专业服务。发挥我国各级教研力量在义务教育新课程实施中的专业支持作用，建立新课程区域全员专业服务体系，形成教研员全员服务、名师带动、骨干引领的新课程实施专业支持网络，让广大教师在新课程实施中做到"经验可分享，问题能解决"。

三是强化新课程实施的社会专业服务。素养导向的义务教育新课程实施对资源支撑和专业要求提出了更高的标准。团结更大范围内的课程教学专业共同体为课程实施提供专业支持，是未来课程实施专业服务的重要方向。发挥高校、民间研究机构在新课程实施中的专业支持作用，鼓励支持区县、中小学通过政府购买服务引入高质量专业服务。

四是发挥数字教育教学的新动能、新优势。伴随着数字时代的到来，互联网、大数据、生成式人工智能等新技术正在改变着人们的生产生活方式，也改变着教育教学方式，对新课程实施既是挑战，也是机遇。国家教育数字化战略行动实施以来，国家、区域、学校教师课程实施的数字化环境发生了很大变化，数字教育教学生态环境正在孕育形成。一方面，国家智慧教育公共服务平台不断优化升级，为新课程实施提供了丰富的课程资源，使教师数字化课程资源共建共享能力得到进一步提升。另一方面，学校把建设数字教育教学生态环境作为课程实施的重要任务，借助各种教育教学服务支持数字技术，为教师课程实施提供实时有效的教学反馈信息，帮助教师动态把握学生的学习情况。同时，学校要积极创造条件，让每位教师都有机会、有能力、有热情成为数字时代数字教育教学的建设者和推动者。

MOKUAIER

模块二
数学项目式学习设计与实施

SHUXUE XIANGMUSHI XUEXI
SHEJI YU SHISHI

一、数学项目式学习的设计

《义务教育数学课程标准(2022年版)》针对项目式学习提出内容要求，以数学方法解决现实问题为主，引导学生发现解决现实问题的关键要素，用数学的思维分析要素之间的关系并发现规律，培养模型观念，经历发现、提出、分析、解决问题的过程，培养应用意识和创新意识，让学生"会用数学的眼光观察现实世界，会用数学的思维思考现实世界，会用数学的语言表达现实世界"[①]。将项目式学习融入数学教学对于培育学生的核心素养有其独特的优势。数学教学中实施项目式学习应以核心知识为基础，通过创设真实且具有挑战性的问题情境，促进学生围绕数学项目任务进行持续探究性活动，最终呈现创造性项目成果，达成"会用数学的眼光观察现实世界，会用数学的思维思考现实世界，会用数学的语言表达现实世界"的目标。项目式学习要求学生在项目实施过程中构建或运用核心知识，旨在培养学生的批判性思维、创造性思维等高阶思维能力。下面主要结合目标导向的项目式学习要求分析数学项目式学习设计的相关要素。

（一）数学项目式学习的主题遴选

1. 项目式学习主题概述

项目式学习模式是一种教与学的模式，也就是说这种模式既涉及教师的"教"，又强调学生的"学"；项目式学习强调学生在解决实际的问题中实现对关键概念和原理的学习。也就是强调在实际的社会生活环境中来学习和应用知识，强调现实社会对于学习的促进作用；项目式学习的最终目的是完成学生头脑中对于知识的建构。项目式学习的本质体现在以下几个方面：学生始终是学习的主人，占据主体地位；任务是解决实际生活问题；内容是对于关键知识和核心原理的掌握；最终目标是完成头脑中对于知识的建构。

从学习的四个维度来看，项目式学习可以归纳为四个关键方面：①学什么？项目式学习的目标是掌握核心概念和重要原理。②为什么学？项目式学习是为了解决真实问题，实现知识的学科价值和社会价值。③怎么学？在学习的过程中，通过小组学习、自主探究来获得知识，并强调动手实践能力的应用。④学得如

[①] 中华人民共和国教育部：《义务教育数学课程标准(2022年版)》，11页，北京，北京师范大学出版社，2022。

何？对于项目式学习的评价包括学生获得的知识、学生习得的方法以及最终完成的作品。[1]

项目式学习的主题是对项目要研究的真实问题、研究方式、研究目标的提炼。主题是项目式学习的核心，围绕该主题的结构化内容就是学习的主要对象。一个优秀的主题设计可以帮助我们厘清课程的组织结构，能够帮助我们聚焦和定义一个项目，通过自主探究和协作探究学习相关概念，并建立学习内容之间的联系，强化对这个项目主题的理解。

2. 项目式学习主题遴选

项目式学习主题直接影响项目式学习的过程与效果，是项目式学习的"心脏"。项目式学习模式始于项目式学习主题遴选。项目式学习主题遴选要紧紧围绕核心概念和重要原理，要符合课程标准的要求。项目式学习主题依存于真实存在的社会问题，并有一定的社会意义，能够激发学生的探究热情，提升学生的素养。因此，数学教学中选定项目式学习主题时主要从以下四个方面进行综合考虑。

(1)以课程标准为依据

数学项目式学习实施的最终目的是让学生掌握相应的数学核心知识和核心原理或者运用核心知识和核心原理解决问题，体现"做中学""用中学""创中学"的学习方式，提升学生的数学核心素养。因此选定项目式学习主题时要基于数学课程标准和教材内容，从中提炼出数学的核心概念和重要原理并将其分解为相应的知识点，明确数学课程标准给出的教学目标与教学要求，以此界定选题范围。比如，项目式学习涉及的数学学科领域可以是"数与代数""图形与几何""统计与概率"的某个领域，也可以是多个领域。教师要明确是学习新知识还是运用已有知识解决问题；在学生学习或运用知识的过程中要明确所要达成的素养目标。涉及跨学科的内容时，教师还要关注其他学科的课程标准对学科知识和核心素养的要求，把握素养目标达成的途径。比如，"五折剪纸"项目(北京市第十九中学郭月)主要解决五折剪纸中所蕴含的数学问题。该项目蕴含的核心知识是"轴对称"，同时在解决问题的过程中学习新知——探究含有36°和18°的直角三角形的三边关系。通过本项目的学习，学生可以更加深刻体会如何将实际问题抽象为数学问题，利用所学几何知识进行逻辑推理。又如，"闪闪的五星"项目(北京市第十九中学刘清翼、邓若涵)以七年级"几何图形初步"的核心内容为载体，以用不同的

---

[1] 胡佳怡：《项目式学习的本质、模式与策略研究》，载《今日教育》，2016(4)。

方法得到"美观"的五角星为驱动任务，主题明确，操作性强。通过参与这些活动，学生不仅可以复习巩固本章的知识——几何图形的性质和关系，而且通过动手操作、思考探索、合作交流体验数学发现的过程，增强动手能力、主动思考的能力以及利用所学数学知识解决问题的能力，培养合作精神。这两个项目提出的问题情境是相同的，都是剪纸问题。依据不同年级知识储备的特点，前者是为八年级已经学过轴对称知识并具备几何推理能力的学生设计的，后者是为七年级刚刚学过几何初步知识的学生设计的。这较好地体现了同一问题情境下内容主题在不同年级之间的进阶。

(2)符合学生的主体地位

数学项目式学习主题的选择要考虑学生的兴趣特点。教师仅仅是建议者、指导者、引领者，不能把数学项目式学习主题强加给学生，应该充分发挥学生的主体地位。只有调动学生的积极性和主动性，才能激起学生主动探究的欲望，才能让学生主动投身于数学项目式学习过程中，进而提升数学项目式学习活动的实效。另外数学项目式学习的难度要适中，要充分考虑学生现有的经验和能力水平，着眼学生的"最近发展区"，既要有一定的挑战性，又要在学生的能力范围之内。数学项目式学习实施伊始，首先向学生发起头脑风暴，展示该项目式学习的驱动性问题或真实的问题情境，激励每一个学生从不同的角度提出自己感兴趣的问题。教师再引导学生对大家提出的问题进行分类归纳，将同类问题归于一个项目，确立相应的主题。比如，对于"冬奥会中的数学问题"项目(中国人民大学附属中学西山学校唐文静)，学生对冬奥会的不同比赛项目进行研究，包括花样滑冰、冰球等问题；也有学生研究冬奥会比赛场次安排问题、比赛计分问题。教师根据学生提出的问题和研究的方向进行引导，帮助学生分类归纳得到不同的研究项目——花样滑冰的计分问题、滑冰内外道的公平问题、冬奥会比赛场次安排问题、冰壶比赛探究问题等。项目式学习主题是学生自主提出的，而不是教师强加给学生的。只有他们感觉到研究问题的意义和价值，他们研究问题的积极性和主动性才会得到加强。根据冬奥会主题，教师结合不同年级学生的知识储备开发了系列项目式学习主题。表2-1为冬奥会的系列项目式学习主题示例。

表 2-1　冬奥会的系列项目式学习主题示例

冬奥会主题	关联课程内容
开幕式雪花图形	几何图形的学习
场馆位置和座位安排	平面直角坐标系
冬奥会的比赛项目以及国家队的积分	概率与统计
安排观众购票，如何统筹车辆	二元一次方程组、不等式组解决实际问题
大跳台项目 跳台滑雪项目	二次函数
速度滑冰内外圈是否公平	数学问题的探究思路
冰壶比赛	与物理结合的融合类课程

（3）具有趣味性与挑战性

项目式学习主题要具有趣味性与挑战性。如图 2-1 所示，"趣"就是学生感到有兴趣，觉得好玩，一下子就会被吸引。"味"就是有味道，就是其中蕴含着丰富的学科核心概念的学习或运用，也就是要有一定的学科味道，能够提升学生的核心素养。一个有趣味性的项目式学习主题不仅能激发学生的学习兴趣，而且能激发学生的研究热情。"横"就是联系、运用和问题解决，也就是项目式学习主题的挑战性。学生在问题解决的过程中自主运用各学科的知识和方法去分析和解决问题，并能针对其中遇到的困难寻找相应的突破策略。一方面，"生"指学生。就是说项目式学习主题有挑战性的主体是学生。也就是指学生想要完成项目任务存在一定的难度，需要投入更多的时间和精力，付出更多的努力。另一方面，"生"是指项目式学习主题的目标指向。项目式学习主题的目标指向不仅是完成该项目式学习，还是希望完成项目式学习的过程中或完成之后能够生发出新的项目式学习主题。

图 2-1　项目式学习的"做中学"

比如，在"手绘国旗"项目（北京市第二十中学王芳）的引领下，学生发现国旗里面蕴含着既丰富有趣又有挑战性的数学、美术、历史等学科问题。学生通过建立适当的平面直角坐标系表示平面内位置的方法，确定其中几何图案的位置关系，探索并发现五角星以及与它有关的几何图形的性质，体会解决问题方法的多样性，了解研究几何图形的一般规律。该项目旨在培养学生发现问题、提出问题的能力以及数学建模的核心素养，并且很自然地培养了学生的民族自豪感和爱国情怀。

(4) 具有真实性与实践性

真实性要求项目式学习主题与学生的真实生活相联系。在项目式学习中，学生对生活现象进行思考，提出他们认为有意义且重要的主题，然后去寻找解决方案。项目式学习主题选取的关键在于学生能够意识到这些问题对他们的生活具有重要意义，并且就相关现象发生的原因产生求知欲。比如，在"二维码探秘"项目(中国人民大学附属中学赵桐)的引导下，学生首先从生活中发现每天都会用到二维码入手，发现我们并不是特别了解二维码，从而激发研究兴趣。学生完整经历从生活中发现问题——二维码问题，提出不同的问题——二维码的历史、二维码的结构、二维码的工作原理等，分析问题进而独立或合作解决问题的完整过程，最后指向项目成果：开展对制作校园身份二维码问题的研究。

实践性要求学生参与问题解决的全过程。学生在合作寻求解决这些问题的方案的过程中形成了对一些关键科学概念的有意义的理解，如通过小组查阅资料了解二维码原理，了解二进制以及二进制与十进制的转化，突出转化过程中有理数的运算；在小组合作设计二维码的过程中，增强数学运算能力，能够通过小组合作完成简易二维码的制作，凸显数学思维和探究实践。在制作校园身份二维码问题的引导下，学生自主提出解决问题所需的相关步骤，按照逻辑整理问题并查阅资料解决。学生通过讨论形成解决思路，并通过动手实践绘制个性二维码。在制作校园身份二维码的任务提出、分析、解决的过程中，学生发展了问题意识、创新意识。学生利用小组合作制作个性二维码，以及利用课后小组合作深入探究二维码的学习方式，提高交流表达、批判质疑、尊重团结、创新思维能力。学生通过分享增进对进制的诞生等数学史的了解，提高学习数学的兴趣；通过学习从生活中用数学的眼光发现和提出数学问题，感受数学与现实生活的联系。学生通过小组查阅资料探索二维码深层的原理，提高信息搜索、信息整合等能力；通过课上手工绘画二维码以及课下制作个性美观二维码，提高艺术与审美能力。

（二）数学项目式学习的目标确定

1. 项目式学习目标概述

项目式学习旨在提供一些关键素材，以构建一个环境。学生组建团队通过在此环境中解决一个开放式问题来学习。需要注意的是，项目式学习过程并不关注学生可以通过一个既定的方法来解决这个问题。它更强调学生在试图解决问题的过程中发展的技巧和能力。这些技巧和能力包括如何获取知识、如何计划项目以及控制项目的实施、如何加强小组沟通和合作。项目式学习最初是为了医学教学发展而来的，从那以后被广为传播，继而应用在其他学科的教学中。项目式学习这个过程赋予学习者应对未来挑战的能力。

《义务教育数学课程标准（2022年版）》要求项目式学习以问题解决为导向，整合数学与其他学科的知识和思想方法，让学生从数学的角度观察与分析、思考与表达、解决与阐释社会生活以及科学技术中遇到的现实问题，感受数学与科学、技术、经济、金融、地理、艺术等学科领域的融合，积累数学活动经验，体会数学的科学价值，提高发现与提出问题、分析与解决问题的能力，发展应用意识、创新意识和实践能力。[1]

《义务教育数学课程标准（2022年版）》对项目式学习的学业要求是经历项目式学习的全过程；能综合运用数学和其他学科的知识与方法，在实际情境中发现问题，并将其转化为合理的数学问题；能独立思考，与他人合作，提出解决问题的思路，设计解决问题的方案；能根据问题的背景，通过对问题条件和预期结论的分析，构建数学模型；能合理使用数据，进行合理计算，借助模型得到结论；能根据问题背景分析结论的意义，反思模型的合理性，最终得到符合问题背景的模型解答。[2]

在这样的学习过程中，学生理解数学，应用数学，形成和发展应用意识、模型观念等；提升获取信息和资料的能力、自主学习或合作探究的能力；提升撰写研究报告的能力和语言表达能力；整合数学与其他学科的知识，开展跨学科实践活动，感悟数学与生活、数学与其他学科的关联，发展学习能力、实践能力和创新意识。

总之，数学项目式学习是以学科知识为载体（包括跨学科知识），以素养发展（包括其他学科核心素养和未来社会发展所需要的素养）为目标，让学生通过解决真实的现实问题，发展学生的"四基""四能"，促进数学"三会"素养目标的达成。它旨在"做中学""用中学""创中学"的过程中培养学生立足社会、生存、学习、就业发展所需要的技能（见图2-2）。

---

[1] 中华人民共和国教育部：《义务教育数学课程标准（2022年版）》，77页，北京，北京师范大学出版社，2022。

[2] 中华人民共和国教育部：《义务教育数学课程标准（2022年版）》，78页，北京，北京师范大学出版社，2022。

图 2-2　立足社会、生存、学习、就业发展所需要的技能

2. 项目式学习目标的确定

首先，做好项目式学习涉及的学科内容分析。项目式学习关注的是对核心内容本质的学习或运用，以及依托数学或其他学科核心内容促进学生素养的发展。在确定项目式学习主题后，教师要进一步挖掘本项目式学习所涉及的学科本质、蕴含的学科思想。在这一过程中，教师要从大处着眼，把握目标和方向，从项目的整体出发，分析该项目式学习在数学学科和数学课程以及其他学科和其他学科课程中的地位。

其次，做好学生情况分析。对学生已有知识、经验、能力等的分析，了解学生的认知状况和知识习得状态，是确定目标和设计学习活动的又一重要依据，也是有效进行项目式学习的重要保障。尤其是对于数学的核心内容来说，学生情况分析往往是具有一定抽象程度和较高数学思维含量的。因此，我们可以多方面、多形式地了解学生的情况。教师一般都会根据自己的教学经验对学生在项目式学习的过程中出现的问题加以分析、预设，制定指导方案，以便把握学生在"做中学"过程中的基础、困难点、生长点。

比如，"手绘国旗"项目是在学生学习七年级"平面直角坐标系"这部分内容之后学习的。此时学生踏入初中生活将近一年，较好地实现了从小学到初中的过渡。大部分学生已经具备了良好的学习习惯，并且有了良好的学习方法。从七年级学生的认知情况看，学生还没较强的数学抽象思维能力和数学建模能力，也缺乏在解决问题的过程中运用数学思考、自主探究新知识的经验。七年级的学生有以下知识基础和学习经验，如图 2-3 所示。

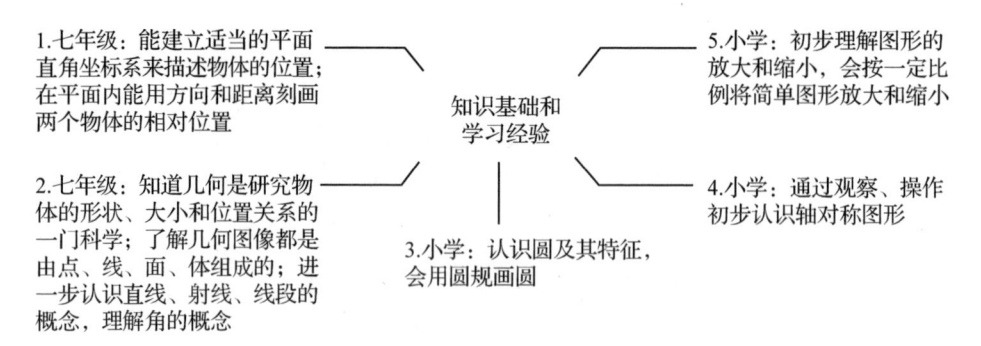

```
                                                              5.小学：初步理解图形的
1.七年级：能建立适当的平面                                     放大和缩小，会按一定比
直角坐标系来描述物体的位置；                                   例将简单图形放大和缩小
在平面内能用方向和距离刻画         知识基础和
两个物体的相对位置                 学习经验

2.七年级：知道几何是研究物                                    4.小学：通过观察、操作
体的形状、大小和位置关系的                                    初步认识轴对称图形
一门科学；了解几何图像都是
由点、线、面、体组成的；进      3.小学：认识圆及其特征，
一步认识直线、射线、线段的      会用圆规画圆
概念，理解角的概念
```

图 2-3　知识基础和学习经验

在项目式学习实施的过程中，学生初步了解研究几何图形的一般规律。这些知识的储备和研究问题的方法的积淀为该项目式学习的顺利实施提供了基础。图 2-4 为图形研究方法。

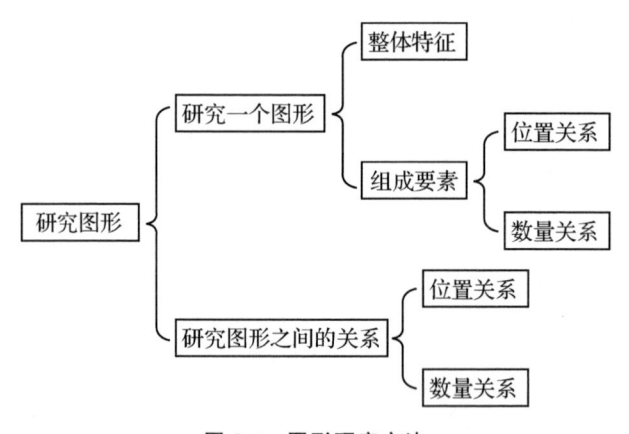

```
                              ┌─ 整体特征
              ┌─ 研究一个图形 ─┤
              │                │              ┌─ 位置关系
              │                └─ 组成要素 ──┤
研究图形 ─────┤                               └─ 数量关系
              │
              │                               ┌─ 位置关系
              └─ 研究图形之间的关系 ─────────┤
                                              └─ 数量关系
```

图 2-4　图形研究方法

再次，把握课程标准的要求，制定跨学科主题的核心素养目标。课程标准在宏观上反映了国家对学生学习过程的基本规范与学习结果的真实期望，在微观上界定了学生个体在经过特定时间段的学习之后应该知道什么和能做什么。总体而言，课程标准体现的是社会对学生学业质量的要求，并呈现出从关注知识技能到关注核心素养的发展趋势。在新课程的背景下，教师在实施项目式学习时应思考以下问题：第一，如何将课程标准中的知识学习转变为做事情、做项目的学习，从而体现"做中学"？第二，如何在项目式学习中培养学生的价值判断和公共关怀的态度、习惯与能力？第三，如何引导学生将浅表学习转变为指向意义建构、成就体验、自我实现的深度学习？第四，如何通过项目式学习实现从现实问题到学科问题的水平学科化以及从学科问题到学科知识概念、应用与发展的垂直科学化？

通过凝练《义务教育数学课程标准(2022年版)》的要求，有关跨学科主题的核心素养目标有以下七个方面。

①经历数学学习、探究的过程，在掌握数学基础知识、基本技能，感悟基本数学思想、积累数学活动经验的过程中发展数学核心素养；跨学科活动不是取消数学基础知识与技能，必须反映数学学科特点。

②探索在不同的情境中从数学的角度发现和提出问题，综合运用数学和其他学科的知识从不同的角度寻求分析问题和解决问题的方法，能运用几何直观、逻辑推理等方法解决问题。

③在与他人合作交流解决问题的过程中，能严谨、准确地进行交流，表达自己的观点，并能理解他人的思考方法与结论。

④能回顾解决问题的思考过程，反思解决问题的方法和结论，形成批判性思维和创新意识。

⑤关注社会生活中与数学相关的信息，主动参与数学活动。

⑥养成认真勤奋、独立思考、合作交流、反思质疑的学习习惯。

⑦在解决数学问题的过程中，能克服困难，树立学好数学的信心，感受数学在实际生活、其他学科中的应用，认识数学的价值，欣赏并尝试创造数学美。

最后，建立项目总体学习目标和不同实施阶段目标之间的关系。前面着重介绍了项目式学习目标，但项目的实施是需要分阶段展开的。因此阶段性目标的制定如何与整体目标达成一致是一个关键的问题。在具体设计项目式学习目标时，基于对项目涉及内容的整体分析，依据课程标准对内容的要求，结合学生学习的具体情况，并尝试回答这样几个问题：在本项目核心内容的学习过程中，会让学生经历怎样的高阶思维的过程？哪些数学思想方法蕴含在本项目的核心内容中？哪些核心素养可以通过本项目的实施使学生得以发展？等等。利用对这些问题的思考与回答，由此形成项目式学习的总目标。

在实施过程中，项目式学习一般有"导引课""探究课""成果展示课"等不同课型，每一种课型的学习需要若干课时来完成。不同课型的课时目标是在单元学习目标基础上制定的，课型的课时目标应该在项目式学习目标的统整下进行有机的划分。随着不同课型的展开，各个课型的课时目标的累积指向项目式学习的总目标。

课时目标具有基础性。数学或其他学科的基本概念、基本原理等基础知识、基本技能需要在具体的课时目标中达成。但在项目式学习目标的统领下，这些基础性目标又是指向项目式学习的大目标，隐含在项目式学习目标之中。

课时目标具有发展性。课时目标之间、课时目标与项目式学习目标之间都具有递进关系。因此，课时目标的确定要注意这些联系；要用发展的眼光确定课时目标，而不只是就事论事。

课时目标具有可操作性。课时目标与教学活动相匹配，定位准确、集中，要便于理解和把握。对于具有不同认知特点的学生，设计课时目标时要关注不同水平的目标。设计课时目标时还要充分考虑学生学习的难点，以及如何在不同的课时中逐渐解决难点问题。

（三）数学项目式学习的内容设计[①]

高质量的项目式学习设计应使学生认识到项目活动的意义与重要性，从而产生学习动机与兴趣。此外，项目式学习从传统教学关注即时效果与单一内容转向关注学生的全面发展，需要教师纵贯整个单元、整个学期或学段进行项目的整体设计。基于课程发展的设计原则，我们构建了项目式学习设计六要素(见图 2-5)，包括问题驱动、持续探究、学生参与、学科融合、产品导向和评价引领，引导教师设计项目式学习的内容结构。

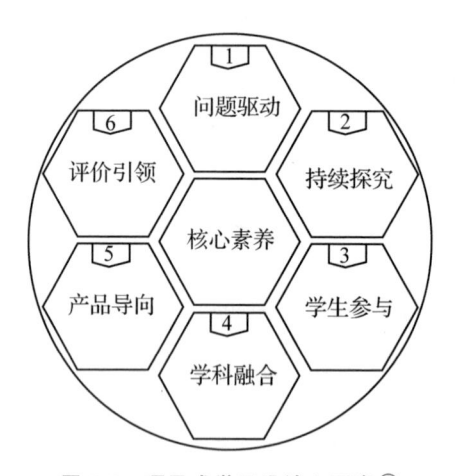

图 2-5　项目式学习设计六要素[②]

1. 问题驱动

作为项目式学习设计的关键支撑，驱动问题对组织学习活动和评价环节、促进

---

① 桑国元、叶碧欣、黄嘉莉等：《构建指向中国学生发展核心素养的项目式学习标准模型》，载《中国远程教育》，2023(6)。

② 桑国元、叶碧欣、王翔：《项目式学习　教师手册》，56页，北京，北京师范大学出版社，2023。

学生对于现象的探索与实现课程的连贯性具有"灯塔"作用。高质量的驱动问题指向学科本质,以清晰具体的语言表达核心任务,兼具开放性、可持续性与迁移的可能性,从而激活学生的高阶思维,让学生有方向感和挑战感。为此,教师需要把握学科核心素养,对学科知识体系有深刻和系统的认识;通过设计高质量的驱动问题,让学生沉浸于完成项目任务的过程,促进学生对概念的理解和实现跨越情境的迁移,最终形成核心素养。比如,"手绘国旗"项目的核心任务是手绘国旗。在这个任务的指引下,学生需要经历从直观感知到几何抽象、从知识学习到知识运用、从代数推理到几何论证的过程。这很好地指向了学科本质,让学生真正沉浸于完成项目任务的过程,并促进学生对数学概念的理解、培养学生的审美观和爱国情怀,最终促进学生核心素养的发展。

在驱动性任务的引领下,对于一个"手绘国旗"项目还要有清晰的实施路线图,以便整体推进,包括课时安排、教与学活动规划、任务之间的联系等。"手绘国旗"项目规划如图2-6所示。

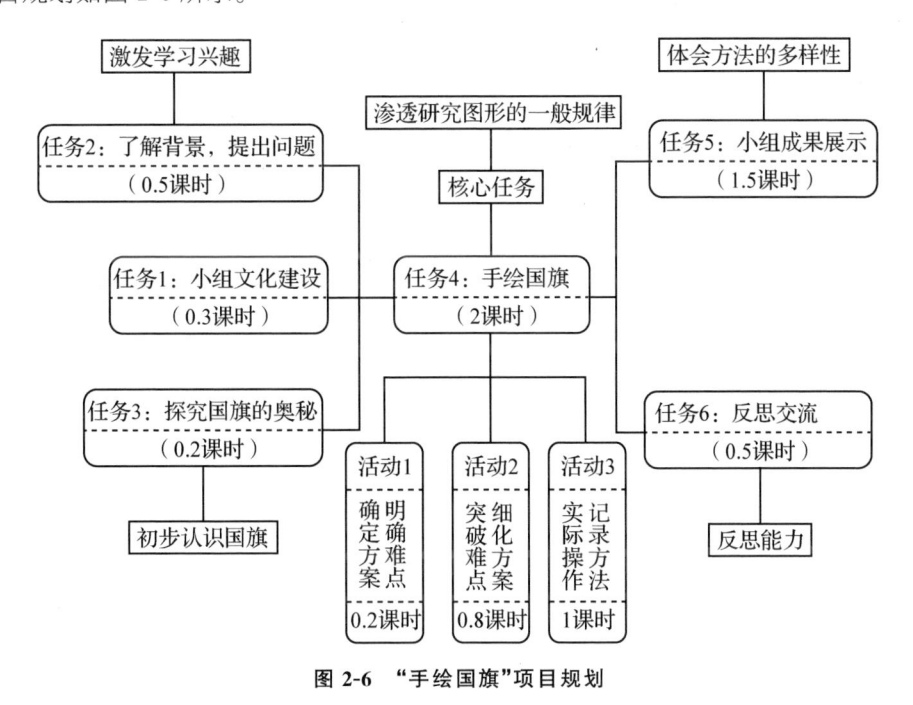

图 2-6 "手绘国旗"项目规划

2. 持续探究

项目式学习在本质上属于深度且持续的探究活动。杜威将探究划分为常识探究和科学探究两种类型。前者体现行动逻辑,如对日常生活现象的观察、生活工具的制造等;后者体现思辨逻辑,即超越日常经验,以符号系统认识世界。一般而言,常识探究在儿童身上表现较早，通过它所形成的智力习惯是科学探究的基础。项目式学习的探究遵循一条项目主线，即提出驱动问题—获取资源—测试想法—发现答案—得出结论。事实上，任何问题情境的探究学习都无法离开学科阅读和学科写作。这种持续、真实、深入的探究往往能引发创新，催生一个驱动问题的新答案、一个新产品或者一个问题的独立解决方案。比如，"手绘国旗"项目的核心任务是手绘国旗。在这个任务的驱动下，学生要对完成的任务进行分解：国旗的长宽比例、国旗上五角星的分布和位置关系以及这些位置关系的表示方法、五角星的画法等。在驱动问题的引导下，先开始获取资源——国旗法对国旗的描述，形成研究问题的设想——聚焦关键，将问题转化成几何问题，研究图形的性质以及图形之间的关系，最后得到手绘国旗的实施方案。事实上，在手绘国旗的探究学习的过程中，通过持续、真实、深入的探究，学生会提出不同的研究和解决问题的方向和策略；在研究问题的过程中，学生又产生新的思考，提出新的问题解决方案或提出新的研究问题。

3. 学生参与

项目式学习的特点之一是倾听学生的声音。认同行为主义或教师中心主义理念的人往往认为，教学设计是教师的事情，不需要学生参与。然而这种观点在项目式学习的设计中并不适用。如果所有的学习设计都是由教师完成的，那么这种学习在本质上仍然是一种以教师为中心的学习。在以学习者为中心的课程教学创新实践中，项目式学习需要学生主动参与，并对自己的学习负起责任。比如，自己决定怎么做计划、如何去探究、如何分配时间、如何解决各种问题、如何展示和分享成果等。

"北京冬奥会中的数学问题"项目（中国人民大学附属中学西山学校张鑫磊）以2022年寒假期间的社会热点事件——冬季奥运会为契机，引导学生在关注国家大事的同时形成对于数学学科深入思考的意识，体会数学与自然科学、美术和生活的紧密联系，能够用数学的眼光去观察、分析和表达现实世界。该项目设置了一个核心驱动问题，即在北京冬奥会中寻找感兴趣、有价值的数学问题。研究主题是学生自主参与确定的。根据感兴趣的内容，在教师的引导下，全班形成了三个研究小组——雪花奥秘、花样滑冰、速度滑冰中内外圈探秘（见图2-7）。在探究雪花奥秘的活动过程中，学生自主构建数学模型，通过合作探究、动手实践，增强数学思维和实践探究的能力。同时，学生通过观察自然界中雪花图形的特点，从而抽象出相关的几何模型，总结几何学习的经验和核心知识。学生通过探索发现自然界中除了雪花图形以外和六边形相关的现象，设计新的迭代图形，欣赏并学习其他同学的设计思路与成果，形成发现、感知、欣赏、评价他人作品的意识和基本能力，综合艺术、科学学科相关知识，具有创作作品的表达和创意表现的兴趣和意识。

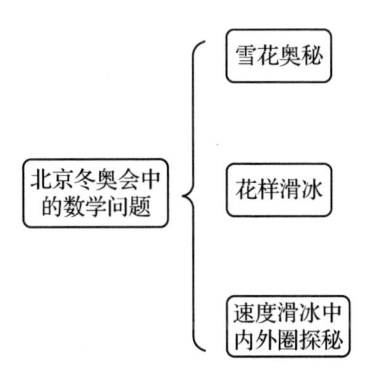

图 2-7　北京冬奥会中的数学问题

4. 学科融合

项目式学习强调学习的"跨学科性"，即将各种学科的特定知识导向公共项目或解决方案。尽管每个学科融入产品的程度有所不同，但产品的各个要素之间会相互调整。如今，现实生活中的许多问题不再以传统的单一学科形式出现，而正在向着多维领域发展。单一的学科认知虽然会带来垂直向上的专业发展，但也在一定程度上阻碍了学习者灵活运用知识与多学科整合的可能。项目式学习旨在建立学科与生活的内在联系，并通过跨学科的协作助推学生的知识整合。比如，在"二维码探秘"项目中，除了运用数学学科知识之外，利用探索二维码深层的原理，提高学生信息搜索、信息整合等的能力；利用课上手工绘画二维码以及课下制作个性美观二维码，提高学生的艺术与审美能力。

5. 产品导向

产品是展现真实学习的载体。设计面向公众的产品展示，有利于激发学生的学习效能和学习投入，形成有效学习的良性循环。项目式学习不等同于做项目，其最终产品应该反映学习者的价值承载，充分展现学习者的想法和思路。因此，在设计项目式学习的产品目标时，教师应该遵循"适度挑战"的原则。一方面，产品必须要求学生有所努力和思考才能实现，即通过产品能够看出学生对学科内容、概念和技能的掌握，体现知识建构的过程。另一方面，产品的难度与学生能力相匹配。学生能自主地讲述制作产品的过程，并解释产品设计的理由，避免教师或家长的替代行为。比如，在"雪花奥秘"项目中，结合北京冬奥会开幕式的雪花，推出一个具有探究价值的问题。在解决问题的过程中，学生自主构建数学模型，学习新知，最终解决了"英国海岸线长度"问题,利用项目研究过程中的迭代想法设计了优美的图案。这种解决问题的方案和设计的图案就是项目式学习的成果。成果的输出就是在解决问题的过程中所学、所悟的运用,是指向学生高阶思维能力培养的,也正很好地体现了项目式学习"做中学""用中学""创中学"的特点。

6. 评价引领

项目式学习评价与当下的教育评价变革理念取向一致,主张关注学习者学习和解决问题的过程。从规范取向来看,项目式学习评价设计兼具学习的内容与质量,既关注学什么,也关注学会什么。尽管项目式学习重视表现性评价,但并不排斥传统的标准化评价。高质量的项目式学习评价设计有助于实现鉴定、改进与激励的评价功能,培养学生直面失败的韧性以及坚持不懈的态度。基于"追求理解的教学设计"(Understanding by Design,UbD),项目式学习采用"以终为始"的评价理念,通过评价对接学习目标和最终成果。表2-2为"二维码探秘"项目的过程性评价。

表2-2 "二维码探秘"项目的过程性评价

根据评价量表,开展小组互评、组内互评、个人自评			
实践意图	学生活动	教师组织	学业要求
把评价的机会交给学生,充分调动学生的积极性;个人反思环节可以培养学生的归纳总结能力和反思能力	1. 学生进行组间互评,同时进行个人反思;有想法的学生做简要的分享 2. 学生反思,积极分享收获	1. 教师引导学生在每一组展示结束以后完成组间互评并进行自评 2. 教师在全部小组展示结束后引导学生进行反思和个人自评,简谈个人的收获	1. 能够客观评价自己及他人 2. 能够根据他人的反馈进行自我反思,完善设计方案;能够发现数学在现实生活中的应用,勇于探究其中深层次的原理

二、数学项目式学习的实施

(一)数学项目式学习的过程指导

项目式学习是一种教与学的新理念、新形式。在此过程中,学生需要教师的指导。梅耶介绍项目式学习的特点时特别强调教师的作用:需要教师指导和团队合作;教师和学生共同关注学习需求;项目学习是复杂的,需要一个团队的专业设计和实施;教师通常在设计前有诸多工作要做;学生在项目中根据事先的指导手册进行充分的选择，教师经常惊讶于学生的选择；基于驱动问题。① 有学者认为项目式学习中的教师支持至少有以下三种类型。①促进探究。它包括支持学生发展提出和界定问题、收集资料、形成方案、解决问题等探究能力；营造探究的文化氛围，鼓励学生投入探究、敢于质疑、协同合作，为学生提供安全感等情感支持。②评估知识习得。它包括用多种评价方法评估学生的知识获取、当下的项目进展、成果的优劣等；在项目中增加多样的核查点，引入真实或模拟用户进行评价；通过将学生纳入评价过程，与学生共同探讨评价标准、成果；设置对学生作业的高期待。③深化概念理解。它要求学生解释或证明自己的思想；给他们总结、综合和概括的机会；让他们比较不同的答案、解决方案和解释。② 下面介绍数学项目式学习的入项活动指导、分解驱动问题指导和成果展示指导。

1. 入项活动指导

入项活动指导就是引导学生对项目式学习的内容树立一种整体的意识，激发他们对数学项目式学习的兴趣，让他们选择喜欢并适合的项目，规划好项目实施的进度，安排好每个人的角色。

(1) 激发兴趣

入项活动的目的是激发学生的学习兴趣。③ 没有兴趣就没有学习。兴趣分为个体兴趣和情境兴趣。其中个体兴趣是特质性的，是个体能够被学科或活动持续吸引并保持持久的动力，体现为追求新知识。情境兴趣是状态性的，是活动、内容或资料的某一方面对学生注意力短时间的吸引。它体现为四个阶段：情境兴趣被激发—情境兴趣得以保持—产生个体兴趣—形成成熟的个体兴趣。④ 入项活动应该关注以下三个方面。

一是创设激发兴趣的情境。一般认为，凡是相对强烈、对比明显、不断变化、带有新异性和刺激性的事物，都会引起学生的兴趣。比如，学习了复式条形统计图后，教师展示的"世界各国高铁里程"视频会激发学生对中国高铁以及其他方面取得

---

① 桑国元、叶碧欣、王翔：《项目式学习 教师手册》，47页，北京，北京师范大学出版社，2023。

② 夏雪梅：《项目化学习中"教师如何支持学生"的指标建构研究》，载《华东师范大学学报(教育科学版)》，2023(8)。

③ 桑国元、叶碧欣、王翔：《项目式学习 教师手册》，137页，北京，北京师范大学出版社，2023。

④ [美]安妮塔·伍尔福克：《伍尔福克教育心理学》原书第11版，伍新春、赖丹凤、季娇等译，340页，北京，中国人民大学出版社，2012。

的成就的兴趣，会激发学生去收集和探索其他行业数据进行对比。又如，给学生展示数学家大会的会标的设计，激发学生对勾股定理的探索兴趣。

二是关注学生已有的知识经验。学生的学习兴趣取决于学生已有的知识经验，并且能够满足学生获得新知识经验的需求。心理学家奥苏伯尔指出意义学习有两个条件：①学生表现出一种意义学习的心向，即表现出一种在新学内容与自己已有的知识之间建立联系的倾向；②学习内容对学生具有潜在的意义，即能够与学生已有的知识结构联系起来。① 所以，关注学生已有的知识经验有助于学生保持情境兴趣，进而将其发展为个体兴趣。

三是充分尊重学生的独立思考。尊重学生意味着尊重学生的需要。学生的需要包括探究的需要、获得新的体验的需要、获得认可与欣赏的需要、承担责任的需要。② 项目式学习的主体是学生；驱动问题或任务是由学生完成的，需要尊重学生的独立思考。实际上，学生在学习过程中获得别人的认可和肯定等积极情感体验，会强化学习兴趣的稳定性。当学生提出的问题或研究的项目体现了学生的独立思考能力时，教师应该在充分尊重的基础上给予学生指导和修正。

(2) 团队建设

大部分项目式学习是很难通过个人独立完成的。组建团队成为完成项目式学习的关键。教师要依据项目式学习的目标、复杂程度和学生积累的项目式学习经验指导学生组建团队。主要指导以下内容。

一是团队的规模。团队的规模要根据项目式学习的驱动性问题的复杂程度确定。团队人数较少，成员的任务比较繁重，合作能力就无法培养。团队人数较多，难以保证所有成员在小组中发挥作用。按照我国标准班级在45人左右，以6~8人为一组比较合理。

二是团队的形成。在项目式学习开始阶段，由于学生没有项目式学习经验，教师应根据学生的特点建立团队，优化团队成员组合，保障每个组同组异质和异组同质，即同一个组有不同特质的学生，不同组之间学生的水平总体一样，便于组与组之间比较。学生有了一定的项目式学习经验后，可以自主组建团队，甚至可以跨年级组建团队，也可以在课堂上随机分组。

三是团队的分工。确定团队成员后，教师要指导团队进一步明确团队的角色分

---

① 施良方：《学习论》，222页，北京，人民教育出版社，2001。
② 钟启泉、崔允漷、张华：《为了中华民族的复兴　为了每位学生的发展:〈基础教育课程改革纲要(试行)〉解读》，264页，上海，华东师范大学出版社，2001。

工。在团队的角色分工过程中，教师要首先与学生达成"角色无大小"的共识，激励学生发挥自己优势的同时尝试克服自己的劣势。团队要根据任务类型，结合学生的优势和不足进行分工。一般来说有以下几种角色分工。

①总结者或者汇报者：向全班同学展示和解释项目式学习的成果。

②监察者或管理者：对照相关资料，检查有争议的内容和结论的真实性，确保小组项目式学习成果不会被别人否定。

③资料收集者：基于问题驱动的材料要求，查阅和收集更多的资料，为小组提供重要的资料。

④记录者：主要承担项目式学习结果的记录、归纳、整理与综合。

⑤支持者或者促进者：当任务完成时要赞扬成员，当泄气时要鼓励成员。

⑥观察者或解决困难者：记录项目式学习的进展状况，及时向教师汇报进展和存在的困难。

以上角色分工是通用的角色分工。在具体开展项目式学习时，教师要根据项目问题的复杂程度进行调整。

(3) 选题指导

问题是数学的"心脏"。项目式学习强调真实问题的解决。学生选择或者提出的问题涉及的知识范围有限，需要教师对项目进行指导。有研究者给出了真实性任务的要求，即构建知识（包括学生用高级思维技能组织信息以及学生考虑各种组织信息的途径）；探究学科（学科的核心知识、学科的核心过程、用书面评述来阐明理解）；重视校外环境（把问题与教室外的真实世界联系起来，包括校外群体。）。[1] 为此，教师应该从以下方面进行选题指导。

一是问题的真实性。项目式学习的问题需要体现真实的社会需要、真实的生活议题以及真实的工作场景。[2] 项目式学习的问题还要关注学生的真实生活状况，与学生的生活经验紧密联系，让学生能够直接读懂问题或者借助相关学习资料明白问题。在解决问题的过程中，学生可以真实操作或者模拟成人操作实践。解决问题的过程中会用到学生已有的知识经验，或者需要借助相关资料。

二是过程的探究性。《义务教育数学课程标准（2022年版）》指出，教学活动应

---

[1] [美]Grant Wiggins：《教育性评价》，国家基础教育课程改革"促进教师发展与学生成长的评价研究"项目组译，22页，北京，中国轻工业出版社，2005。

[2] 桑国元、叶碧欣、王翔：《项目式学习 教师手册》，49页，北京，北京师范大学出版社，2022。

注重启发式，激发学生学习兴趣，引发学生积极思考，鼓励学生质疑问难，引导学生在真实情境中发现问题和提出问题，利用观察、猜测、实验、计算、推理、验证、数据分析、直观想象等方法分析和解决问题。① 项目式学习的问题没有固定或唯一的答案，结论是未知的、多样化的。结果不是由教师传授或从书本上直接得到的。学生在真实情境中明确主要问题，分解问题，设计项目方案，通过收集数据、分析数据、实践操作等类似于科学研究的方式查资料、做实验，利用假设和求证，最终解决问题、得出结论。

三是学科的综合性。《义务教育数学课程标准（2022年版）》指出，项目式学习的设计以解决现实问题为重点，综合应用数学和其他学科知识解决问题，体会数学知识的价值，以及数学与其他学科的关联。② 项目式学习与原有的数学教学仅从数学的角度考虑不同，需要结合情境的特点，利用多方面或跨学科的知识内容，引导学生对知识融会贯通和多角度、多层面地思考问题，做出综合性分析。

四是结果的开放性。《义务教育数学课程标准（2022年版）》指出，项目学习教学所涉及的问题主要是现实世界中具有开放性的问题。③ 项目式学习与原有的数学教学的封闭性不同，要把学生置于一种动态、开放、主动、多元的问题情境中，需要学生根据问题情境特点、生活经验、跨学科知识以及自身现实状况等做出分析和判断。比如，让第三学段的学生设计"暑假旅游攻略"，显然是一个结果开放的问题。不同学生的学习成果能够凸显他们对问题的不同思考。

(4) 文化建构

学校和课堂文化会对学生产生积极影响。有研究者指出，课堂环境是影响学生学习的一大重要因素。简单来说，当学生认为自己身处一个积极、支持的学习环境中时，他们会学得更好。积极的学习环境是指学生有归属感，可以彼此信任，并且在应对挑战、承担风险、提出问题时会受到鼓励的环境。④ 在项目式学习中，课堂

---

① 中华人民共和国教育部：《义务教育数学课程标准（2022年版）》，3页，北京，北京师范大学出版社，2022。

② 中华人民共和国教育部：《义务教育数学课程标准（2022版）》，42页，北京，北京师范大学出版社，2022。

③ 中华人民共和国教育部：《义务教育数学课程标准（2022年版）》，88页，北京，北京师范大学出版社，2022。

④ 美国巴克教育研究院项目式学习计划：《项目式学习指导手册：每个老师都能做的PBL》小学版，来赞、邢天骄译，95页，北京，中国人民大学出版社，2023。

文化主要表现在用来指导课堂运行的公约由师生共同制定，并由学生自我监督；经常性地、持续地让学生行使发言权和选择权，弄清楚学生想要在项目中解决的真实问题；在得到教师点到为止的指导后，学生通常就能知道他们需要做什么；学生在健康高效的团队中协作，就像在真实的工作环境中那样；教师很少需要团队管理；学生不明白不存在唯一的正确答案或做项目的最佳方法，知道冒险、犯错并从中吸取教训都是没有问题的；学生对批判性反馈和修改的价值、坚持不懈和严谨思考的价值以及创作高质量作品带来的自豪感具有共识，并为彼此负责。① 基于此，项目式学习的课堂文化建设主要体现在以下两个方面。

一是形成团队公约。团队公约是由团队共同制定的。团队通过确立共同学习的最佳方式，在共同遵循、维护和监督下，达到提升学习效率和责任感的目标。团队公约要简洁（一般不超过 7 条），用学生容易理解的语言表述，尽可能满足团队所有成员的发展需要。这些公约应该呈现在比较醒目的地方，便于团队成员查阅。

项目式学习公约

各位同学，为了完成"营养午餐"项目，我们共同努力做到以下几点。

1. 要相互尊重，学会倾听，不得随意打断别人的发言。

2. 大胆提出关于"营养午餐"的问题和想法，不害怕出现错误。

3. 主动学习有关"食品"的知识。

4. 遇到问题时首先自己思考解决，可以通过查阅书籍和网络，也可以与同学、老师和家长等交流。

5. 主动选择适合自己的角色，敢于挑战不同的角色。

二是布置教室环境。教室是学生开展项目式学习的主要场所，教室环境应便于开展项目式学习活动。在布置教室环境的过程中，比较常用的是项目墙、成果展示区、成果收集区。项目墙主要展示项目相关的信息，具体包括驱动问题、项目日历、小组成员、小组角色、学习公约、任务清单以及产品清单等。成果展示区和成果收集区主要展示项目式学习完成的过程中不断改进的项目作品、量规和反馈表。同时在布置教室环境时，教师要根据项目的特点，使课桌的摆放形式利于项目式学习的开展。

2. 分解驱动问题指导

在入项活动中确定驱动问题后，教师还要对驱动问题进行分解，可以利用的方

---

① 美国巴克教育研究院项目式学习计划：《项目式学习指导手册：每个老师都能做的 PBL》小学版，来赞、邢天骄译，94 页，北京，中国人民大学出版社，2023。

法有"五个为什么"法、环形视角、头脑风暴等。

(1)"五个为什么"法

所谓"五个为什么法"是指 5why 分析法,又称"5 问法",也就是对一个问题点连续以 5 个"为什么"来自问,以追究其根本原因。其关键在于:鼓励解决问题的人要努力避开主观或自负的假设和逻辑陷阱,从结果着手,沿着因果关系链条,追根溯源,直至找到原有问题的根本原因。有人曾举了一个例子来找到机器停机的真正原因。

问题一:为什么机器停了?

答案一:因为机器超载,保险丝烧断了。

问题二:为什么机器会超载?

答案二:因为轴承的润滑不足。

问题三:为什么轴承会润滑不足?

答案三:因为润滑泵失灵了。

问题四:为什么润滑泵会失灵?

答案四:因为它的轮轴耗损了。

问题五:为什么润滑泵的轮轴会耗损?

答案五:因为杂质跑到里面去了。

经过连续五次不停地问"为什么",才找到问题的真正原因和解决方法,即在润滑泵上加装滤网。如果员工没有以这种追根究底的精神来发掘问题,他们很可能只是换根保险丝草草了事,而真正的问题还是没有解决。

人们常用以下三个步骤来开展项目式学习。

第一步,提问为什么。我们挑选出一个问题作为开端,同时选出希望可以解开症结的线索,然后问小组成员第一个为什么:"为什么这件事情在发生?"这个问题可能有三四个答案。在墙上呈现这些答案,在这些答案周围要留有足够的空间,可聚焦 1~2 个有可能的答案。

第二步,依次追问"为什么"。重复表述墙上的每个答案,依次问"为什么";把答案和"答案的答案"粘贴到它的"母问题"附近。

第三步,对问题进行整合。当所有的问题回答完毕后,开始整合一些问题,追溯到十几个不同的症状,并发觉两三个系统性的根源。[1]

(2)环形视角

所谓环形视角是指基于驱动问题全面而深刻的理解,摆脱自我中心的模式,了

---

[1] 邱昭良:《如何系统思考问题》,54~55 页,北京,机械工业出版社,2018。

解他人的观点和感觉。具体来说，它主要体现在以下三方面。

第一步，聚焦驱动问题，创设发展发散思维的情境。基于驱动问题的陈述，教师给学生充足的时间认真思考后，发展学生思维的开放性。比如，在"营养午餐"的项目式学习启动后，教师要通过创设情境，启发学生思考"营养午餐"的相关问题。

第二步，从不同的视角思考，归纳整理较为一致的观点。学生的生活经验和背景不同，思考问题的视角也会有差异。这样有助于完成作品时考虑得更为全面。为了使学生在有限的时间内完成作品，就需要归纳观点比较一致的视角，将其转化为分解的问题。

第三步，基于学习条件挑选角度，分组或分阶段探索分解的问题。基于分解的问题，教师要引导学生选择影响项目的关键性问题，按照项目的特点分组或分阶段确定不同的问题。

(3) 头脑风暴

头脑风暴是引导学生围绕驱动问题，跳出既定框架，广泛地收集从不同的角度对问题的思考，达到分解驱动问题的目的。在进行头脑风暴时，要延迟评价，鼓励奇思妙想，不做任何有关缺点的评价等。

3. 成果展示指导

成果展示是项目式学习过程的终结性总结，需要教师引导学生反思项目式学习的过程和收获。具体来说，它主要包括以下几点。

(1) 学习过程回顾的指导

学习过程承载了学生经历发现和提出问题、分析和解决问题的精彩故事。对学习过程的回顾有助于学生吸取教训，总结和积累经验，培养学习能力。一是引导学生回顾项目式学习的主要过程。教师可以通过一些问题引导学生对主要过程的回顾。比如，这个项目有哪些影响深刻的事件？可以分为哪几个阶段？二是引导学生回顾项目式学习的关键环节。比如，项目中哪些部分是具有挑战性的？完成时感到困难的内容是哪些？哪些障碍是不得不跨越的？三是引导学生回顾项目式学习的小组合作。比如，小组合作的效果怎么样？下次如何提高自己的合作能力？

(2) 学习结果反思的指导

学习结果是指在学习完成后学生获得的发展和变化，以及对未来发展的影响。学习结果反思的指导要从三方面开展：一是对真实情境中问题的理解的反思指导。教师可以通过以下问题引导学生回答。即对于这个问题，你对得到的答案满意吗？你还有其他的想法吗？二是对自己获得的学习结果的反思指导。比如，你学到的有价值的内容是什么？你学会了哪些技能？三是对未来开展项目式学习的影响。比如，对于开展下一个项目式学习，你有什么想法吗？

(3) 项目成果评价的指导

项目成果评价是学生对解决真实情境中的问题形成的一种价值判断，是项目成果展示的重要内容之一。项目成果评价的指导包括如下几方面。一是指导学生按照量规评价。在项目式学习中，教师会根据项目的特点研制评价量规。所以，开展项目成果评价时，应该依据量规客观评价。二是指导学生对项目的优点和不足形成客观认识。教师通过问题引导学生进行自我评价。比如，项目哪些方面设计得非常好？哪些方面还可以改进？三是指导学生对项目成果的未来影响力进行评价。也就是要引导学生评价在这个项目的基础上还可以做哪些项目；这个项目的哪些内容可以用在下一个项目中。

（二）数学项目式学习的成果展示

成果展示是对项目式学习过程的一种终结性总结。成果展示不仅能增强学生学习的驱动力，也能启发学生解决问题的思路，更能展示学生的交流能力。《义务教育数学课程标准(2022年版)》指出，项目学习教学所涉及的问题主要是现实世界中具有开放性的问题，问题解决需要将现实问题转化为数学问题。解决数学问题要引导学生提出合理假设、预测结果、选择合理的数学方法，对用数学模型表达条件与结果之间的关系有清晰的认识，并利用真实情境检验模型、修正模型、形成物化成果，包括项目产品、小论文或研究报告。[①] 与传统的数学教学注重问题解决和答案的对错不同，项目式学习要公开展示和分享在项目中完成的成果。为了展示数学项目式学习成果，我们需要了解项目成果的特点，把握项目成果的类型，创新项目成果的展示方式。

1. 项目成果的特点

数学项目式学习成果与其他学习的成果不同，更注重用数学模型解决问题或者表述问题，具有以下特点。

(1) 对应体现数学课程标准的要求

国家课程标准是教材编写、教学、考试评价以及课程实施的直接依据。在项目成果展示时，我们要关注数学课程标准倡导的理念和要求。《义务教育数学课程标准(2022年版)》对项目式学习的设计要求是以解决现实问题为重点，综合应用数学

[①] 中华人民共和国教育部：《义务教育数学课程标准(2022年版)》，88页，北京，北京师范大学出版社，2022。

和其他学科知识解决问题，体会数学知识的价值，以及数学与其他学科的关联。①比如，对"营养午餐"对应的学业要求为，在对人体营养需求和食物营养物质的调查研究中，进一步理解百分数的意义；会用扇形统计图整理调查结果，分析如何实现营养均衡；经历一周营养午餐食谱的设计过程，感悟在实际情境中方案的形成过程；形成重视调查研究、合理规划的科学态度。所以，项目式学习的成果要对应体现数学课程标准的要求。

(2) 体现数学学科的特点

项目式学习所涉及的问题主要是现实世界中具有开放性的问题。数学项目式学习要体现以数学学科为主的解决问题过程及其结果。基于此，我们只有对现实问题的条件进行假设、量化、抽象后转化成数学问题，才可以进行数学方法的使用。比如，要确定某十字路口的"红绿灯等待时间"时，就要将问题转化为如下几个方面：①十字路口的车辆穿行秩序良好，不会发生阻塞；②所有车辆都是直行穿过路口，不拐弯行驶，并且仅考虑马路一侧的车辆；③所有车辆的长度相同，并且都是从静止状态下开始匀加速启动；④红绿灯下等待的每相邻两辆车之间的距离相等；⑤前一辆车启动后，后一辆车启动的延迟时间相等。从而可以看出，数学项目式学习的成果是把现实问题转化成数学问题后得出的结果，具有明显的数学学科特点。

(3) 符合现实问题情境的需求

除了体现数学学科特点之外，更为重要的是符合现实问题情境的要求。对于情境的要求主要体现在以下两方面。一是情境中给出具体的量化性的条件，如数量、规格以及解决问题最终作品的要求。例如，在"你来当经理"的项目式学习中，驱动性问题的情境如下。你在一个百货公司负责货物包装，每年平均有24000位用户在你的公司购买衣物。15%的用户希望能把他们的货物包装起来。在一个月内，公司卖出480条裤子、750件衬衫、165件夹克衫和160顶帽子。所有盒子的价格相同。每卷包装纸1米宽、100米长。作为包装部的经理，你自然希望为包装成本做一个计划，尽量节约资金。那么包装裤子、衬衫、夹克衫和帽子的盒子应该是什么形状才会需要最少的包装纸？最后的结果是给采购人一个书面报告的建议。具体建议包括三方面。①应分别根据裤子、衬衫、夹克衫和帽子定做大小不同的盒子。②确定所需要的包装纸的卷数。③确定一年大致卖出的裤子、衬衫、夹克衫和帽子所需要

---

① 中华人民共和国教育部：《义务教育数学课程标准(2022年版)》，42页，北京，北京师范大学出版社，2022。

的包装纸的大约成本。你将根据以下标准评价自己的工作：数学综合能力、数学方法与推理、工作效力、报告质量和工作准确性。该问题情境中有多个具体要求，也有报告具体建议和评价的标准。这些条件都是明确给出来的，应符合成果的要求。二是问题情境中蕴含的隐形条件和跨学科条件。在完成书面报告的过程中，还要考虑衣服折叠起来时需要多大的盒子。用很轻的能装进折叠衣服的纸板盒进行试验（或者用一大张纸做成一个盒子做试验）；考虑是不是一些包裹的形状比其他的形状更容易包装，也很少浪费。或许有些容易包装的形状却需要更多的纸——尽量少浪费。如果使用一个很大的盒子的话，能提出关于一个盒子需要包装纸的总数与可能消除浪费的规律或一般法则吗？或者包装新的形状时增加的成本与用更容易包装的盒子时节约的纸能相抵消吗？没有人在包装物品时不浪费纸。给出现实生活中所需的包装材料，在所需的包装纸卷数中算进额外的包装纸成本和没有使用的或浪费的纸。①

2. 项目成果的类型

驱动问题包含三种主要的设计导向：角色—产品导向、真实场景导向和思辨导向。② 所以，项目成果的类型与驱动问题的设计导向紧密联系。有学者将学生的作品分为以下四种类型。书面作品有研究报告、信件、宣传册、脚本、书评、培训手册、数学或工程分析、博客、科学研究或实验、视频或动画、网站内容、计算机测序或应用程序、电子故事或漫画、社论。媒体与技术作品有录音或播客、幻灯片、素描或绘画、拼贴画或剪贴簿、影像式小品文、视频或动画、分镜、网站、计算机程序或应用程序、电子故事或漫画、社交媒体宣传活动等。构建性作品有小型模型、消费品、小装置或机械、车辆、发明、科学仪器、博物馆展览、建筑物、花园等。展示有演讲、辩论、口头陈述或答辩、新闻广播、专题小组讨论会、舞台剧或戏剧表演、诗歌朗诵或讲故事、音乐作品或舞蹈、讲课、公共活动、商品宣传。规划性作品有提案、商业计划书、设计案、投标或估价、蓝图、时间轴和流程图等。③

---

① ［美］Grant Wiggins：《教育性评价》，国家基础教育课程改革"促进教师发展与学生成长的评价研究"项目组译，24 页，北京，中国轻工业出版社，2005。
② 桑国元、叶碧欣、王翔：《项目式学习　教师手册》，103 页，北京，北京师范大学出版社，2023。
③ 美国巴克教育研究院项目式学习计划：《项目式学习指导手册：每个教师都能做 PBL》小学版，来赞、邢天骄译，64 页，北京，中国人民大学出版社，2023。

《重理解的课程设计：专业发展使用手册》一书将产品和实际作品的表现分为以下三种形式。书面形式的有广告、自传、新手介绍或书评、小册子、总集、纵横字谜、社论、小论文、实验记录、历史小说、日记、实验报告、书信、日志、杂志报道、备忘录、新闻报道、报纸报道、喜剧、诗歌、立场声明、提案、研究报告、剧本、故事、测验和网站。口头形式的有录音带、对话、辩论、讨论、读剧本、戏剧化、晤谈、口头简报、口头报告、朗读诗词、偶戏、广告剧本、饶舌歌、滑稽短剧、歌曲、演说、教学。视觉形式的有广告、横幅、拼贴画、电脑绘图、资料展示、设计图、图解、背景模型、展示、绘图、幻灯片、传单、游戏、图表、地图、模型、绘画、摄影、海报、问卷、剪贴簿、雕塑、幻灯片播放、情节串联图板和网站等。[1]

参考以上分类，结合数学项目式学习的特点，项目成果可以分为以下四种类型。

(1)书面类成果

书面类成果主要以文本书面的形式呈现项目成果或产品，主要体现为调查报告、设计方案、成本预算、流程图等。这种形式可以展示学生如何在现实情境中发现问题和提出问题，运用数学和其他学科的知识分析和解决问题，给出问题解决的结论，或者给出解决问题的步骤和方法，或者给出明确的建议的过程。例如，未来教室设计方案、营养午餐方案等这类成果需要人们去阅读和思考，能够弄清楚成果的来源、形成过程等。其不足之处在于操作性不强，具有一定的理想性。

(2)物品类成果

物品类成果主要以物品的形式呈现，如小型模型、微型建筑物、小装置等。这种成果是以项目最终结果呈现的，如给妈妈制作一双高跟鞋，更多呈现出来的是学生制作高跟鞋这个结果。这类项目成果的特点是直接呈现物品，让人们可以具体操作检验。其不足之处在于人们看不见成果的完成过程，需要完成人介绍说明。

(3)媒体类成果

媒体类成果主要以现代信息技术为手段，展示项目成果，如幻灯片、影像式小品文、视频等。这种成果是以技术为手段，直观形象地展示项目成果。其特点是图文并茂、直观形象，便于人们理解。如果是单一的成果，其不足之处在于与人们的互动不够。

---

[1] 桑国元、叶碧欣、王翔：《项目式学习　教师手册》，152～153页，北京，北京师范大学出版社，2023。

（4）演讲类成果

演讲类成果主要是以学生演讲或解说展示成果，如演讲、辩论、口头陈述、讲故事等。这种成果是以完成人通过演讲介绍项目的完成过程和解说项目的特点。在演讲过程中，人们可以质疑、提问，完成人可以和人们回应互动。

3. 项目成果的展示方式

项目成果的展示方式与项目成果的类型密不可分。不同的展示方式对学生的发展具有不同的影响。常用的展示方式为组长或者小组的汇报员向人们汇报成果的内容。这种方式简便易行，可以反复使用。如果仅仅采用这种方式，学生就会对此感到厌倦。所以，有必要创新项目成果的展示方式。下面提出以下三种展示方式。

（1）"纸上谈兵"

"纸上谈兵"又称为"画廊漫步"，是以画家展示绘画的方式，把自己的成果张贴出来或者以某种固定的方式展示，让人们可以参观学习。"纸上谈兵"适合展示书面类、物品类、媒体类成果。书面类成果要求完成人将成果写在白纸上，张贴在教室墙面或者学校展示成果的不同位置。物品类成果要求完成人将成果放置在教室或学校的某个位置，供人们参观学习。媒体类成果要求完成人将成果在教室或学校大屏幕上投放，供人们观看学习。参观者可以以个人或小组的形式在成果面前仔细观看和思考，并用便笺纸等将自己的评论贴在成果的周围，或者在展示位置附近有收集和张贴评论的空间。完成人在人们观看完毕后，阅读人们给予的评论意见，修改或者完善自己的成果。

（2）智力拼图

智力拼图又称为"水果拼盘"，是把成果分为若干部分，或者根据驱动问题分解问题，也可以采用由不同的学生承担展示任务的方式。智力拼图适合展示书面类、物品类、媒体类和演讲类成果。例如，在"有爱的包装盒"项目中，把驱动问题"水是生命之源"分为"作为节水大使，如何让更多的人意识到水是生命之源""为什么要节水""节水现状如何""我们能做什么"四个问题。[1] 可以由四个学生展示交流成果，也可以由不同的学生承担成果《"水是生命之源"宣传提纲》《郑州水资源调查报告》《现行节水举措》《"水是生命之源"宣传文案》和《节水创意征集与节水实践效果报告》的宣讲和交流。

---

[1] 桑国元、叶碧欣、王翔：《项目式学习 教师手册》，237页，北京，北京师范大学出版社，2023。

（3）新闻报道式

新闻报道式就是采用记者跟踪或者跟拍研究活动的过程，最终以新闻报道的形式展示给人们的呈现方式。这种方式适合书面类、物品类、媒体类和演讲类成果。在具体组织的过程中，选择一名本组的学生或者其他组的学生承担成果的报道工作。该学生要以新闻报道的形式报道整个项目式学习的过程，最后不仅要体现新闻的特点，即以醒目、概括性极强的标题吸引人们关注项目成果，还要以适度的图文并茂的形式展示成果的完成过程。

（三）数学项目式学习的评价

《义务教育数学课程标准(2022年版)》指出，项目学习评价以教学目标为依据，内容主要包括学生对真实情境中问题的理解，用数学语言表达问题的适切性，结果预测的合理性，关注解决问题的实施方案，解决问题过程的思考、交流与创意表现，项目研究成果的质量。① 基于以上要求，结合项目式学习的特点，数学项目式学习的评价分为入项活动、项目计划、项目执行和项目展示四个环节的评价。

1. 入项活动评价

入项活动关注问题的发现和提出，主要表现为激发学生对主题的兴趣、对驱动问题的理解和分解、团队建设和文化建构等。入项活动评价的内容见表2-3。

表2-3 入项活动评价的内容

评价项	完全符合	一般	不符合
1. 小组成员都认为这个项目十分有趣			
2. 小组成员都乐意参与这个项目			
3. 小组成员都有足够的信心完成这个项目			
4. 小组成员都能理解这个项目			
5. 小组成员都对把项目转化成数学核心问题达成一致意见			
6. 小组成员都对分解问题达成一致意见			
7. 小组成员都对自己的分工清楚			
8. 小组成员都对自己的角色满意			
9. 小组成员都参与制定项目式学习公约			

其中，1~3项主要是针对入项活动中激发学生的学习兴趣的评价。利用评价

---

① 中华人民共和国教育部：《义务教育数学课程标准(2022年版)》，88页，北京，北京师范大学出版社，2022。

起到使学生有兴趣和有信心并乐意完成项目的作用。

4～6 项主要是针对学生对核心问题及其分解的认识的评价。利用评价促进学生在对项目理解的基础上，将其抽象成数学核心问题，然后根据问题的难度和完成过程进行分解。

7～9 项主要是针对团队建设和文化建构的评价。利用评价以期实现学生分工清楚，学生特长和优势得到发挥，学生共同参与制定并遵守学习公约。

2. 项目计划评价

项目计划评价主要关注学生对任务的明确性、对计划的认同性以及项目成果完成的一致性等。具体评价可以参考表 2-4，通过自我评价和教师评价完成。

表 2-4　项目计划评价的内容

评价项	完全符合	一般	不符合
1. 小组成员都认为分解的问题与完成的任务对应			
2. 小组成员都对完成的任务清楚			
3. 小组成员都能明确自己承担的任务			
4. 小组成员都能对完成的任务和项目计划安排达成一致意见			
5. 小组成员都能明确项目式学习的时间安排			
6. 小组成员都知道需要准备或查找的资源			
7. 小组成员能对最终项目成果达成一致意见			
8. 小组成员都清楚项目成果的类型			
9. 小组成员都清楚项目成果的展示方式			

其中，1～3 项主要评价学生对项目计划任务的明确性；4～6 项主要评价学生对项目时间和任务安排的合理性；7～9 项主要评价项目最终成果类型及其展示方式。

3. 项目执行评价

项目执行评价主要关注完成任务的过程中学生主动学习、寻找资源、达成意见以及产品完成的过程。具体评价可在表 2-5 的基础上修改完善。

表 2-5　项目执行评价的内容

评价项	完全符合	一般	不符合
1. 小组成员都专心做与项目相关的谈话交流			
2. 小组成员都能参与到项目中			

续表

评价项	完全符合	一般	不符合
3. 小组成员相互促进，彼此鼓励参与			
4. 小组成员都有发言的机会			
5. 小组成员都能有效地应对冲突			
6. 小组成员都阅读了与项目主题相关的背景内容			
7. 小组成员都使用多种查找资料的方法			
8. 小组成员都能理解数学原理和概念			
9. 小组成员都会使用信息技术工具，如思维导图、Excel、Word 等			
10. 小组成员遇到问题时都能及时地寻求教师或同学的帮助			

其中，1～5 项主要评价学生的合作完成状况以及小组合作能力；6～10 项主要评价学生的学习能力以及教师的帮助和支持。

4. 项目展示评价

项目展示评价是对学生项目完成水平的判断。它不仅展示过程，还体现结果；不仅强调成果是否做得好，还强调展示交流是否做得好。我们结合《PBL 项目学习——101 学习工作手册》给出的成果展示评价量规，结合数学项目式学习的特点，给出表 2-6 项目展示评价的内容。具体实施时可以在此基础上丰富和删减相关内容。

表 2-6　项目展示评价的内容

评价项	优秀	一般	中等
1. 创意与信息组织			
用数据、例子、逸事和经历来强化真实情境主题的背景			
陈述主题条理清楚，强化情境问题的数学化，注重结果预测的合理性，呈现解决问题的实施方案及其解决过程			
展示时间把握得当，时间分配合理			
使用笔记和大纲，而不是逐字稿			

续表

评价项	优秀	一般	中等
2. 换位思考			
从众多资源中挑选贴切的信息或简单的数学知识方法来吸引人们的兴趣，符合其数学知识和背景知识水平			
展示形式有针对性，如为了介绍、解释或说服			
根据听众的不同，会选择合适的数学语言，如同伴对同伴或小组对大组			
非言语沟通（如表情、声音、肢体语言等）			
声音清晰洪亮，语速适中			
通过改变音量、语调和语速，使人们全神贯注			
用姿势、肢体语言、手势来增强和强调信息			
与人们有眼神交流、沉稳自信			
3. 着装适当			
4. 工具使用			
使用试听媒介、道具、艺术品或素描等来强化信息			
工具使用与展示成果匹配			
5. 回应问题			
清晰、充分地解答人们的问题			
面对评价与反馈，能正面管理情绪			
勇于面对承认无法回答的问题，或提出寻找答案的可能途径			
总分：			

以上主要在入项活动、项目计划、项目执行、项目展示四个环节给出了一些可供参考的评价内容，除此以外还要关注评价方式、评价维度和评价主体等。

MOKUAISAN

模块三
数学项目式学习
课例精选

SHUXUE XIANGMUSHI XUEXI
KELI JINGXUAN

课例一　爱心集市

一、项目概述

二年级的学生已经学习了简单的统计、100以内加减法和人民币的认识相关内容，但他们对人民币的使用仅仅停留在购买商品的阶段。基于此，我们设计了"爱心集市"项目。在"爱心集市"项目中，通过项目式学习，学生能学会运用统计的知识调查热门商品，使用人民币购买商品，利用100以内加减法确定促销方式，融合美术与多媒体设计海报和宣传幻灯片，使用人民币购买心仪的商品以及活动后有所总结反思。学生在活动中的身份发生了多次转变：从学生到"老板"到"顾客"再回到学生。学生经历发现和提出问题、分析问题和解决问题的全过程，体会购买商品的快乐和赚钱的快乐，加深对人民币和买卖过程的理解，积累活动经验，发展核心素养。《义务教育数学课程标准（2022年版）》将元、角、分的认识及其换算等与人民币相关学习内容纳入综合与实践领域。这无疑强调人民币的学习不应限于书本知识层面，而是要将其投入实践应用，在真实场景中来学习和使用人民币，解决实际购物问题。表3-1为项目概述。

表3-1　项目概述

项目名称	爱心集市
学生年龄段	二年级
涉及学科	数学、美术
成果展示方式	成果展示墙
学校	重庆市人民小学
指导教师	艾建萍、邓文杰
设计团队	艾建萍、邓文杰、桂于雁、吴思雨、尹佳佳、蒋灿

正值学校筹备给山区捐款，于是我们以此为背景开展欢乐购物节的爱心义卖活动，筹集经费。

二、项目目标

项目目标如表 3-2 所示。

表 3-2 项目目标

学业发展目标	数学学科	1. 在生活实际情境中，运用数和数的运算解决简单买和卖的问题，并能解释结果的实际意义，形成运算能力 2. 积累使用货币的经验，合理使用人民币，感悟数学与现实生活之间的联系，提高发现问题、提出问题、分析问题和解决问题的能力，形成对货币多少的量感、使用人民币的创新意识和应用意识以及初步的金融素养 3. 经历制作营销方案、模拟交易等活动，形成学习数学的兴趣和初步的合作交流意识
	美术学科	1. 能使用不同工具、材料和媒介，以立体或平面图表现小组对"销售方案"和"商品广告"的想法 2. 学会从外观和使用功能等方面理解作品的特点，能针对作品的设计提出自己的改进意见，进行美化，初步形成设计意识 3. 能积极参加小组活动，初步综合探索与学习迁移的能力
素养发展目标	真实合作解决问题	1. 学习必要知识，发现解决问题所需的合作交互类型 2. 与团队成员交流、讨论 3. 共同完成产品展示工作
	同理心	关怀正在经历苦难的人
	责任担当	1. 端正学习态度，养成良好的学习习惯 2. 制订学习的目标与计划，并自己执行
	批判性思维	1. 提出问题，明确核心问题 2. 阐明学习的目标和意义
	有效沟通	1. 在讨论阶段和产品的公开与展示阶段，能清晰组织信息，掌握演讲能力 2. 学会换位思考，在考虑沟通对象的知识水平、信念和情绪的情况后采取不同的沟通方式与内容

三、项目驱动问题

核心驱动问题与分解驱动问题如表 3-3 和表 3-4 所示。

表 3-3 核心驱动问题

核心驱动问题	项目成果	总时长
如何给山区小伙伴筹集爱心经费	爱心集市成果展示	5 周

表 3-4　分解驱动问题

分解驱动问题	主任务	主产品	时长
如何筹备购物街	1. 购买需求调查 2. 采购商品	1. 商品调查统计表 2. 商品进货单	1 周
如何制定营销策略	1. 给商品定价 2. 确定促销方式	1. 商品标价单 2. 学习任务单	1 周
如何进行商品交易	1. 宣传商品 2. 模拟交易	1. 海报和幻灯片 2. 过程问题记录表	2 周
如何展示和推广	1. 爱心集市 2. 总结	1. 账单 2. 学生感想和展示墙	1 周

四、项目式学习实施过程

（一）入项活动

问题：如何给山区小伙伴筹集更多的爱心经费

持续时间：1 天

教学活动：

1. 揭示项目主题

①播放视频：播放展示山区小伙伴的学习、生活现状的视频。

②组织学生讨论，引导学生思考怎样为山区孩子筹集爱心经费。

2. 讨论爱心集市活动的步骤

组织学生讨论和交流，共同确定举办爱心集市活动的流程。

3. 明确任务，启动项目

①自愿组队，形成项目小组。

②制定小组公约，并进行分工。

③正式启动项目。

设计思路：利用为山区孩子筹集爱心经费这个现实背景，激发学生的同理心和社会责任感。在制订举办爱心集市活动的计划中，培养学生合作、沟通与问题解决的能力。

（二）分解驱动问题 1

问题：如何筹备购物街

持续时间：1 周

教学活动：

1. 购买需求调查

①查找资料，设计调查问卷，确定小伙伴喜欢哪些商品。

②填写问卷。

③收集、整理数据。

④制作统计表或者绘制条形统计图呈现数据。

⑤分析数据，联系实际，确定采购计划。

第一，讨论卖什么商品合适。

第二，选出使用方便、性价比高的商品。

第三，确定采购计划。

2. 实地调查和采购商品

①查阅资料，了解商品进货渠道及流程。

②实地考察，货比三家。

③采购商品。

设计思路：学生自主设计调查问卷，收集、整理、分析数据，并联系生活实际采购性价比高的商品。这不仅提高了学生的分析、解决问题的能力，还让学生感受到统计的价值，初步发展了数据分析观念。

相关资源：调查问卷、统计表或统计图。

（三）分解驱动问题 2

问题：如何制定营销策略

持续时间：1 周

教学活动：

1. 给商品定价

①分类整理商品并记录数量。

②设计定价计划表。

③网上学习定价技巧。

④商量定价方式，并计算商品的价格。

⑤完善定价计划表。

⑥给每样商品贴上价格标签。

2. 确定促销方式

①说说生活中见过哪些促销方式，理解哪几种促销方式的含义。

②假设自己是玩具店的老板，根据教师提供的基本信息为其设计促销方式，并

在学习任务单上结合具体商品算一算自己小组能不能赚到钱。

③各组组长展示自己小组的学习任务单。

④其余组对汇报组进行提问,并对他们的促销方式进行评价。

⑤为自己的店铺设计合理的促销方式。

设计思路:要筹备更多的爱心经费,学生要对采购的商品进行定价和制定营销方案。对于二年级的学生,他们在此过程中会遇到许多问题。所以家长需要协助学生在网上查阅相关资料,并且教师需要以某组店铺为例讲解营销方案。

相关资源:商品定价表、学习任务单。

(四)分解驱动问题3

问题:如何进行商品交易

持续时间:2周

教学活动:

1. 宣传商品

(1)绘制宣传海报

①教师出示大型商场的宣传海报,观察宣传海报包含的内容。

②学生讨论本小组的店名、宣传口号、特色商品。

③小组讨论海报的排版、绘画、颜色搭配。

④学生分工动手设计并绘制海报。

(2)制作宣传幻灯片

①教师讲授宣传幻灯片包含的内容和如何制作幻灯片。

②小组讨论幻灯片背景和需要展示的内容。

③学生分工收集需要展示的内容。

④学生动手制作幻灯片。

⑤学生根据幻灯片写宣讲稿。

2. 模拟交易

①布置场地。

②组长进行模拟交易前的宣讲。

③各组员分工售卖商品,并留意售卖时出现的问题。

④小组交流售卖时出现的问题,并商量解决方案。

3. 正式交易

设计思路:为了让店铺顺利销售更多的商品,对商品进行宣传和模拟销售必不可少。在这个过程中,学生全程自主动手进行设计。从幻灯片背景、标题的选择,到宣传海报中内容、色彩的确定，最后到场地布置，都由学生自主讨论决定。这充分调动了学生学习的积极性和自主性。

相关资源：宣传海报、宣传幻灯片、宣讲稿、账单等。

（五）分解驱动问题 4

问题：如何展示和推广

持续时间：1 周

教学活动：

1. 组内讨论

①组内交流以什么方式来汇报展示项目成果，组长做好记录。

②组员通过讨论、分析和对比做出最终结论。

2. 动手制作

①查阅设计项目墙所需的资料。

②准备相关资料。

③分工完成项目墙设计。

④撰写演讲稿。

3. 汇报展示

①各组代表进行演讲，汇报展示成果。

②参观项目墙，并进行评价。

③畅谈项目式学习的体会和感受。

设计思路：在成果展示和推广过程中，学生能够回顾整个项目实施过程，清楚自己做得怎么样。这样可以增强学生的成就感和自信心，为今后学习助力。

相关资源：项目墙和演讲稿。

五、项目式学习评价方案

项目式学习评价方案如表 3-5 所示。阶段性成果展示互评表如表 3-6 所示。成果展示评价表如表 3-7 所示。

表 3-5　项目式学习评价方案

主要产品或表现	素养目标	证据	评价方式	评价时机
需求调查报告	1. 能够用统计的相关知识将所调查的类别进行统计、汇总 2. 调查报告的格式正确无误	需求调查报告项目齐全，格式正确	1. 评价表 2. 教师及时反馈	形成性评价

续表

主要产品或表现	素养目标	证据	评价方式	评价时机
营销方案	1. 能够根据商品的进价进行合理定价 2. 根据需求调查报告对商品进行包装,根据目标经费制定合理、多样化的营销方案 3. 推销方式易于理解,商品销量高	商品定价合理,商品销量高,营销方案合理且多样化	1. 评价表 2. 教师及时反馈 3. 评选出优秀营销方案	形成性评价
账本记录及经费筹集	1. 通过模拟商品交易,记录商品进价、定价、销量及利润等 2. 在给定经费筹集目标下,感受具体商品交易下制定方案解决问题的全过程	账本记录数据清晰、符合规范;达到预定经费筹集目标	1. 评价表 2. 教师及时反馈	形成性评价、总结性评价
汇报幻灯片	1. 能够应用信息技术将项目的实施过程记录完整 2. 能够将本组的营销方案进行准确、清晰的介绍 3. 在交流过程中,语言简练、有条理	幻灯片完整、美观,能够记录项目完成的全过程	1. 评价表 2. 教师及时反馈	形成性评价、总结性评价

表 3-6　阶段性成果展示互评表

组名：

评价内容	评价标准			评分
	好	较好	一般	
展示小组成员的精神面貌（20分）	全组成员展示、交流非常热情,声音洪亮,表情愉悦（17~20分）	全组成员展示、交流有热情,声音较洪亮,表情较愉悦（13~16分）	全组成员展示、交流声音较洪亮,表情不够愉悦（8~12分）	

续表

评价内容	评价标准			评分
	好	较好	一般	
项目的完成度 （40 分）	在本组作品展示中，商品定价非常合理，营销方案多样化且易于理解，账本记录数据很清晰、符合规范，达到或超出预定经费筹集目标(36～40 分)	在本组作品展示中，商品定价合理，营销方案比较多样化且较易理解，账本记录数据清晰、符合规范，达到预定经费筹集目标(30～35 分)	在本组作品展示中，商品定价较合理，营销方案合理且能理解，账本记录数据较为清晰、符合规范，勉强达到预定经费筹集目标(25～29 分)	
展示的完整度 （30 分）	创作过程中有小组分工，作品展示、反思内容详细充分(28～30 分)	创作过程中有小组分工，作品展示、反思等有小部分内容不充分(23～27 分)	创作过程中有小组分工，作品展示、反思等有较多部分内容不充分(18～22 分)	
展示的条理性 （10 分）	展示过程中小组成员分工明确，展示内容顺序合理(8～10 分)	展示过程中展示顺序有小部分不太合理，但对展示效果的影响较小，小组分工较明确(6～7 分)	展示过程中展示顺序有问题，小组分工不明确，影响展示效果(4～5 分)	

表 3-7 成果展示评价表

组别	内容	汇报交流	倾听	互动	创新
	账本数据记录清晰、规范，达到或超出预定经费筹集目标	营销方案阐述明确，汇报条理清楚，声音洪亮，大方得体	认真倾听，做好记录，及时评价	能够解答他人的问题，互动积极，小组相互配合	设计有特色
1	☆☆☆☆☆	☆☆☆☆☆	☆☆☆☆☆	☆☆☆☆☆	☆☆☆☆☆
2	☆☆☆☆☆	☆☆☆☆☆	☆☆☆☆☆	☆☆☆☆☆	☆☆☆☆☆
3	☆☆☆☆☆	☆☆☆☆☆	☆☆☆☆☆	☆☆☆☆☆	☆☆☆☆☆
4	☆☆☆☆☆	☆☆☆☆☆	☆☆☆☆☆	☆☆☆☆☆	☆☆☆☆☆
5	☆☆☆☆☆	☆☆☆☆☆	☆☆☆☆☆	☆☆☆☆☆	☆☆☆☆☆

六、 项目实施的关键性课例

项目实施的关键性课例如表 3-8 所示。

表 3-8 项目实施的关键性课例

	小小设计师——设计促销方式
驱动问题	如何给商品设计促销方式
学习目标	1. 结合生活经验，通过同桌交流，初步理解满减、买送、代金券等几种促销方式的含义，感悟数学与现实生活的联系，激发对数学的好奇心，提升学习数学的兴趣 2. 通过小组合作，尝试设计商品的促销方式，并能应用 100 以内加减法和相应的数量关系计算设计的方式是否合理，提高分析问题和解决问题的能力，积累数学活动经验，发展模型意识、创新意识和应用意识 3. 在活动中从不同的角度看待问题，培养推理意识
学习重难点	学习重点：尝试设计商品的促销方式 学习难点：对设计的合理性做出解释
学情分析	"小小设计师——设计促销方式"是学校项目式学习"爱心集市"的一个课时内容。二年级的学生已经在以前的学习中认识了人民币，会进行人民币的换算，掌握了 100 以内加减法计算，并能解决生活中的简单问题 在生活中，学生经常去超市或商场采购食物、文具、书本、衣物、玩具等物品，对各种促销方式有一些初步的了解 本课在充分了解学生的知识基础和生活经验后，让学生通过自主探究、合作交流等方式尝试设计商品的促销方式，让学生在实际情境中经历发现问题、提出问题、分析问题、解决问题的过程，感悟数学与现实生活之间的联系，积累数学基本活动经验，培养学生的模型意识、创新意识和应用意识，提高学生解决实际问题的能力，发展学生的数学核心素养
	教学过程

学习任务	学生活动	教师组织	学业要求	设计意图
提出驱动问题，激发学生的兴趣，明确本次项目任务内容	1. 学生前期已完成相关项目内容的学习：入项活动、如何筹备购物街学生通过前期学习和准备对项目实施过程中可能存在的数学信息和相关数学知识有粗浅的认识	1. 回顾项目实施进程：购买需求调查、采购商品、给商品定价、设计促销方式、制作宣传海报和幻灯片、模拟买卖、爱心集市和成果汇报；解释最新研究问题	能够明确并了解本次驱动问题——给商品设计促销方式	回顾项目实施进程、了解最新研究问题，向学生展示前期给商铺准备的商品，激发学生的学习兴趣

续表

学习任务	学生活动	教师组织	学业要求	设计意图
	2. 全班回顾项目实施流程，学生明确本次驱动问题：给商品设计促销方式 3. 学生结合生活经验思考如何让商铺更吸引人 学生再通过回忆，借助生活经验分享买送、满减等生活中常见的促销方式	2. 从学生准备的商品引入，提出问题：怎样才能吸引更多的顾客，让商店的生意更火爆 让学生回忆生活中见过的店铺吸引顾客的方式 3. 做出引导，组织学生思考还见过哪些促销方式，并提出研究问题：设计促销方式		二年级的学生在生活中有到商场或超市购物的经历，对各种促销方式有了一些粗浅的了解 本环节通过部分学生的回忆呈现几种常见易懂的促销方式，唤醒学生生活经验的同时，激发学生的学习兴趣和探究欲望
结合驱动问题，领会基础知识，集思广益，分组设计促销方式	1. 学生观察玩具店的商品表，发现商品内容、进价和标价等数学信息 学生在观察、思考、分析中发现售价减成本就等于赚的钱 2. 学生站在老板的视角，积极思考可以设计哪些促销方式来吸引顾客 学生再选择两个熟悉的促销方式和同桌相互交流	1. 展示商品表，通过让学生观察商品的标价和成本信息，引发学生对利润的思考 2. 引导学生站在老板的角度，思考可以设计的促销方式；呈现学生提到的促销方式，给予学生时间，让学生选择熟悉的方式把自己的理解说给同桌听 让学生通过独立思考、组内交流，充分理解常见的几种促销方式的含义	1. 能够积极思考并回答问题，能在情境中发现相关数学信息和问题 2. 能够与他人交流分享自己的理解；能与他人合作，提出解决问题的思路，能够设计解决问题的方案 3. 通过小组合作，能利用 100 以内的加减法和多种解决问题的策略去解释设计的合理性	让学生观察商品的标价和成本信息，引发学生对赚钱多少的思考，自然引出对优惠方式的探究给学生提供充足的时间和空间，让他们去思考、去探究、去交流，充分理解几种常用促销方式的含义，并结合商品的进价、定价设计合理的优惠方式 利用 100 以内的加减法尝试计算

续表

学习任务	学生活动	教师组织	学业要求	设计意图
	3. 小组成员充分讨论，确定小组的营销方式，利用 100 以内的加减法和多种解决问题的策略去解释设计的合理性；并选择两个商品通过计算验证是否赚钱 在计算中领悟只要促销让利给消费者的钱小于标价和成本的差就能赚到钱	3. 出示活动要求，放手把课堂交给学生，给学生提供足够的时间和空间让他们主动去探究、去表达、去交流 引导学生完善学习任务单，记录学生的促销方式，了解每组学生的情况		卖出一个商品能赚到的钱，从而明白"只要促销让利给消费者的钱小于定价和成本的差价就能赚到钱"的道理 通过设计促销方式，让学生感受到数学与生活的紧密联系，培养学生分析问题、解决问题的能力，增强学生的合作意识
分享促销方式，共议促销效果，深入探究，理解透彻	1. 每个小组组长分享小组设计的促销方式，阐释算式的意思 2. 理解"满 10 元减 2 元"和"满 50 元减 5 元"两种促销方式各自的利弊和两种买二送一之间的不同之处 3. 学生倾听其他小组的想法，继续反思、提问、辨析；积极思考满减、买送和代金券中蕴含的数学知识，并对不清晰的地方提出疑问	1. 集中展示各个小组选择的促销方式，明晰各小组的选择 2. 通过学生的汇报，记录促销方式和计算过程 在汇报过程中，引导学生对每一种促销方式进行深入思考；让学生理解每种促销方式的运算过程，进一步让学生明白只要既能赚到钱又能吸引顾客就是合理的促销方式	1. 能理解和思考同学和教师提出的问题 2. 能深入思考理解同学的研究成果 经历发现问题、提出问题、分析问题和解决问题的全过程，积累活动经验，形成和发展模型意识和推理意识	在前面的小组活动中，组内成员各抒己见，充分表达自己的设计和想法；学生已获得关于这几种促销方式的初步理解 通过全班的汇报展示，学生对每种促销方式的理解由模糊到清晰；组长展示后，学生通过对不同促销方式的对比，了解各种促销方式的优缺点

续表

学习任务	学生活动	教师组织	学业要求	设计意图
	问："为什么满10元减2元是减6个2元不是直接减2元"等问题	3. 引导学生思考：同样是满减，如果你是老板，你会选择哪种促销方式；如果你是消费者呢；同样是买二送一，这两种买二送一表示的意思一样吗		通过提问，学生了解两种促销方式之间的区别以及两种买二送一之间的区别 通过对不同促销方式的对比，学生站在不同的角度看待问题，做出明智的决策
谈收获，说感想，巩固本课所学新知，拓宽学生的视野	1. 学生畅所欲言，总结本堂课的心得体会 2. 学生通过观看视频，了解生活中还有许多促销方式 3. 课后作业：根据自己小组采购的商品，设计促销方式	1. 整理归纳本课的收获，巩固本课的新知 2. 通过播放"生活中的促销方式"视频让学生了解到更多的促销方式 3. 引导学生以小组为单位，通过上网查阅资料、向父母请教等方式，再根据小组的具体情况，对小组的促销方式做出调整	能够通过上网查阅、向父母请教以及学新知识等方式优化本次驱动问题	利用视频拓展学生的视野和思路，让他们在课后设计作业时有更多的选择和灵感 课后学生还需要对促销方式进行调整，在实际操作中学习并运用他们所学的知识，提高他们的实践能力和实践经验水平

七、项目反思

（一）学生反思

1. 项目执行反思

文具小组：在本次主题活动中，我们组负责售卖文具类商品。为此我们专门去批发市场进行了采购，准备了同学们喜欢的文具。在定价和制定销售策略时，我们小组的成员都积极提出了自己的想法和建议。明明认为商品价格应该定高一些，因为利润＝售价－成本，这样才能赚更多的钱。但芳芳担心定价太高同学们不愿意购买，建议可以准备一些打折促销活动。小鹏赞同芳芳的促销方式，并提出可以将一些商品组合销售，如铅笔和橡皮、彩笔和图画本。然而，在选择促销方式时我们犯了难。我们收集了生活中常见的促销方式，有降价、满减、买送、代金券等。可是该如何选择？具体如何促销合适呢？最后，在老师的帮助下，我们制定了满减活动"满50元减5元"。我们通过学习了解到促销方式虽然不同，但实际目的都是既要赚钱又要吸引顾客。这里面蕴含了很多的数学知识，值得我们好好学习思考。

2. 项目结束反思

玩具小组：这次的项目活动要求我们必须以小组合作的方式来学习和完成任务。这跟平时的学习完全不一样，是一次新奇的体验，也是一次挑战。整个活动结束后，我们认识到小组作业不是一个人在奋斗，有问题时需要一起沟通，在和组员持不同意见时要学会控制情绪，耐心倾听别人的想法；还需要积极思考，大胆发言，提高自己的表达能力。总之，团结合作才是有效解决问题、完成任务所需要的品质。在今后开展的活动中，我们将继续努力、不断学习。

礼品小组：通过这次活动，我们不仅学习体验了商品买卖交易的过程，也深深地体会到了挣钱的辛苦和不易，明白了节约的重要性。我们很开心最后能将赚的钱全部捐赠给山区的小伙伴们，让他们能够购买自己需要的东西。这是一次非常有意义的活动，让我们学到了很多书本上没有的东西。希望以后我们还能有这样的活动！

（二）教师反思

1. 项目启动反思

项目式学习是利用贴近生活的实际问题，使学生在问题解决的过程中开展探究活动以及其他有意义的合作。所以，在项目启动初期，教师会将班级的学生进行分组。根据实际要求，一般4~8人一组为佳。这样可以引导学生以小组为单位进行探究。分组时最初是让学生根据自己的喜好自愿组队。但这样随机组队没有考虑到学生间的差异性和互补性，小组内成员的能力不均衡，小组间完成效率的差距大，导致后期项目实施上出现矛盾和困难。这也说明教师前期对项目方案的实施细节考虑得还不够深入，需要综合考虑课程实施的难易程度、时间以及学生的接受能力、学校的现实情况等，提前做好相应的准备，提出不同的备选方案进行调整。

2. 项目执行反思

项目式学习的过程是一个师生合作的过程。因此在本项目实施阶段，教师应有详细的实施计划和要求，并向学生详细讲解如何制作、展示自己的成果。同时，教师还会要求学生查阅资料、分工合作，通过全员参与让每一个学生在具体实践中拓展知识、取长补短，提升综合应用能力。在总结评价环节，教师会引导和帮助学生充分展示自己小组的项目成果，利用幻灯片、表格或者思维导图等进行演讲和共享，形成丰富的成果资源。虽然本项目的评价在多元化和精准化两个方面取得了一定的成效，但实施过程中对于低年段的小学生而言，评价标准太细，维度太多，接受度反而不高。教师应该更关注评价体系的实用性和科学性，特别针对不同的环节需要分类设计，让评价做到简单有效。

3. 项目结束反思

项目式学习的目标具有较强的综合性，既要注重知识、技能、情感的多维关联，又要注重学生核心素养的综合培养。在本项目内容设计时，为达成其核心目标，我们要牢牢抓住"筹集爱心经费"这个核心驱动问题。一方面回归课本知识，对教材中与人民币相关的知识进行梳理，联系起统计、最优选择等数学思想；另一方面沿着"买卖"这条主线纵向延伸，设计出如何筹备买卖活动、如何制定营销方案等一系列课时内容，构建出丰富多样的综合实践课程。这样的项目不仅打通了不同阶段学习内容的共性，将数学中的零散知识进行整合，还激发了学生的学习兴趣和积极性，强化了学生的数学思维，促进了学生多项能力的融合发展。

本项目也一改传统的"为学而设计"的老套模式，完全基于真实情境，组织学生为山区孩子筹集爱心经费。本项目与现实生活关系密切，具有极强的综合性和生活性，让学生在"真思考、做真事"的探究过程中不仅能体会不同事物、现象之间的关联，还能感受到事物中真实的数学本质，真正体现了新课标在综合实践领域的育人价值。

【专家点评】

该项目以"爱心集市"为主题，基于项目实施跨学科学习，让学生感受数学、人文和美术的关系。该项目以终为始，设计源于学生的驱动问题。以"如何给山区小伙伴筹集爱心经费"为核心驱动问题，不仅有利于学生的跨学科学习，而且有利于引导学生参与实践，既能把学科相关知识整合串联起来，又能聚焦学生核心素养的发展。该项目以4个驱动性任务(如何筹备购物街、如何制定营销方案、如何进行商品交易、如何展示和推广)引导项目式学习的开展。要完成筹集更多的爱心经费这一主驱动任务，学生须完成一系列的分解任务，如统计受欢迎的商品、对采购的商品进行定价、设计不同的促销方案、制定营销方案等。从入项活动开始，将项目式学习的主动权交到学生手里，激发学生学习的积极性，提升学生的参与度。基于现实的复杂问题的解决有利于提高学生的问题解决能力、逻辑思维能力、数据分析能力、动手实践能力等。

课例二　创意功能教室

一、项目概述

立足创建未来新样态的学校，创设智慧、多样、有个性的教育新样态，我们需要配备一批功能教室。这些功能教室应该具有美观性、未来化、多功能的特点，以便为学生提供一个充满无数可能性的互动式空间。那么设计创意功能教室不就是一个非常好的项目吗？这个项目紧扣学生身边的事物，能很好地激起学生的学习兴趣。在新形势下，面对课程的不断深化改革，加强学校功能教室建设势在必行。如果将设计者的视界转换成儿童的角度，使空间符合儿童的喜好，设计的核心着眼儿童的人格特点，相信功能空间也不只是一处静默场所，而是灵动、有趣味的。工欲善其事，必先利其器。我们以学生的童趣为本质，以兴趣激发为导向，将实用性与美观性相结合，投射以空间艺术之美，让学生在自由的空间里实现知识、人格、意趣的自在生发。表 3-9 为项目概述。

表 3-9　项目概述

项目名称	创意功能教室
学生年龄段	三年级
涉及学科	数学、科学、美术
成果展示方式	作品展览会
学校	杭州市春晖小学
指导教师	肖燕、闫倩倩、余冰、张媛媛
设计团队	杭州市春晖小学三年级数学组

二、项目目标

项目目标如表 3-10 所示。

表 3-10　项目目标

学业发展目标	数学学科	1. 通过观察、测量对创意功能教室的大小进行估计，进而画出创意功能教室的平面图；能由实物的形状想象出几何图形，由几何图形想象出实物的形状 2. 初步掌握创意功能教室的各项数据收集、整理、描述和分析的方法，逐步形成数据意识 3. 通过测量的数据和计算，对创意功能教室根据功能进行区域区分；培养运算能力，有助于理解运算，寻求合理、简洁的运算途径解决问题 4. 通过调查对创意功能教室的功能性、实用性、前瞻性进行比较与分析，学会综合解决问题的能力
	科学学科	1. 开展创意功能教室系列主题的搭建活动，通过搭建创意功能教室来感受建筑中的科学知识 2. 搭建抗震、结实的房屋模型，了解不同的结构在建筑中的应用
	艺术学科	1. 利用不同的材料来搭建创意功能教室，并用不同的装饰来美化小组的创意功能教室模型 2. 尝试用画、撕、剪、粘的方法来美化创意功能教室模型内部的装饰，体验想象与设计制作的乐趣
素养发展目标	真实合作解决问题	1. 从方位、元素、功能、前瞻性等多角度、多侧面、多方向思考问题 2. 通过通力合作完成项目 3. 明确自己的团队角色和项目任务，尽职尽责，取长补短
	同理心	1. 从未来的角度考虑创意功能教室需要承担的多功能、前瞻性的元素 2. 从未来的角度考虑教室座位设计更符合创意功能教室的理念
	责任担当	积极参与制订项目式学习的目标与计划，并积极执行 以团队合作的方式，通过任务驱动开展研究，经历测量、设计、搭建、展示的活动过程，培养独立思考、分工合作、自我表达、沟通交流、乐学善思、解决问题的能力
	批判性思维	1. 从项目的角度出发去收集获取相关信息，并思考和使用这些信息 2. 鼓励形成思考技能，获得对某学科的熟悉度和自信心，更好地获得和应用批判性思维
	有效沟通	1. 从前期的讨论到后期的实践，感受数学与科学来源于生活，生活中又充满着数学与科学，把握知识与生活的衔接，沟通知识与生活 2. 打破以往以个人为主的活动模式，培养小组探究、学习、讨论、校正、补充、合作的能力，调动活动积极性，激活学习思维
	技术运用	1. 利用在线课程平台学习"身体尺"的相关知识 2. 利用多媒体画图工具协助进行平面图设计 3. 利用投票小程序进行现场作品展览会的优秀作品投票

三、项目驱动问题

表 3-11 和表 3-12 分别为核心驱动问题与分解驱动问题。

表 3-11 核心驱动问题

核心驱动问题	项目成果	总时长
为学校设计一间创意功能教室	具有美观性、未来化、多功能特点的创意功能教室设计模型	6 周

表 3-12 分解驱动问题

分解驱动问题	主任务	主产品	时长
你觉得创意功能教室是怎样的	1. 了解未来教育的新样态 2. 畅想新样态学校设施的美观性、未来化、多功能	调查报告	1 周
如何设计创意功能教室方案图	动手设计	1. 确定小组合作的任务单 2. 画好平面设计图	2 周
如何搭建创意功能教室模型	动手制作	1. 动手制作创意功能教室的模型 2. 完成阶段性评价	2 周
如何展示创意功能教室作品	准备展示成果	1. 各组整理项目实施过程中需要解决的问题、解决方案和成果，并完成幻灯片的制作 2. 完成总结性评价 3. 进行活动成果展示	1 周

四、项目式学习实施过程

（一）入项活动

问题：如何为学校设计一间创意功能教室

持续时间：1 天

教学活动：

1. 启思

立足创建未来新样态的学校，创设智慧、多样、有个性的教育新样态，我们需要配备一批创意功能教室。这些功能教室应该具有美观性、未来化、多功能的特点。

2. 追问

创意功能教室的方位怎样？创意功能教室需要承担哪些多元素的功能？怎样做到有前瞻性的设计？教室的座位应如何设计更符合创意功能教室的理念？

3. 驱动问题

为学校设计一间创意功能教室。

4. 项目活动

①宣布项目启动。

②合理分组、确定任务。

（二）分解驱动问题 1

问题：你觉得创意功能教室是怎样的

持续时间：1 周

教学活动：

1. 发布项目活动任务，组建项目小组

①确定组长和组员，完成组内分工。

②形成项目计划。

③形成全程评价量化表。

2. 了解未来教育的新样态

①畅想未来新样态学校设施的美观性、未来化、多功能。

②聚焦创意功能教室的设计与搭建，进行任务分工，收集资料，完成调查报告。

设计思路：学生通过分析不同功能教室的特征，并考虑未来教室的前瞻性与时尚性，综合运用已有的知识和经验，经过自主探索和合作交流，确定设计喜欢的创意功能教室，从而解决与生活经验密切联系的、具有一定挑战性和综合性的问题。

相关资源：配套视频、网页图片、专家报告等。

（三）分解驱动问题 2

问题：如何设计创意功能教室方案图

持续时间：2 周

教学活动：

1. 设定阶段性目标，完成组员分工

①讨论完成方案图需要做的准备工作。

②完成小组内的分工。

2. 测量多功能教室的尺寸

①组织学生简单了解"身体尺"。

②小组讨论确定测量的"身体尺"，如一拃、一步、一脚等。

③实地测量春晖小学不同功能教室的大小，记录数据。

3. 讨论创意功能教室的设计

①利用上网、采访等途径，收集关于襄七房单元小学的设施的信息和对功能教室的需求。

②小组内确定创意功能教室的功能。

4. 确定创意功能教室的设计方案

①综合实际多功能教室的测量结果，设计创意功能教室的大小，合理布置物品。

②画好平面设计图。

设计思路：学生通过组内合作明确完成教室设计图要做的准备工作，明确自己的团队角色。教师应鼓励学生在实践过程中获取技能；为了对现有功能教室进行更好的分析，让学生通过"身体尺"来测量教室的大小，并综合运用所学的位置知识，明确功能教室物品的方位。小组调查、采访等方式可以充分调动学生的积极性，激活学生的学习思维。同时学生能够将数学与生活实际相联系，思考创意功能教室的多功能和未来化，完成平面图设计。

相关资源："认识'身体尺'"课程资源、春晖小学多功能教室的测量数据、襄七房单元小学相关的设施与建校理念、创意功能教室的平面设计图。

（四）分解驱动问题3

问题：如何搭建创意功能教室模型

持续时间：2周

教学活动：

1. 选定设计材料，搭建教室模型

①根据创意功能教室的不同功能选择合适的材料搭建。

②合理摆放物品，突出创意功能教室的功能。

2. 美化创意功能教室模型

①根据实际搭建情况，对模型进行调整。

②尝试用画、撕、剪、粘的方法来美化教室模型内部，体验想象与设计制作的乐趣。

3. 完成小组内阶段性评价

①完成创意功能教室自评。

②完成创意功能教室组内互评。

设计思路：在动手操作搭建模型时，学生需要思考选取合适的材料来搭建教室模型。学生能够通过画、撕、剪、粘等方法对教室模型进行搭建，达到创意功能教室的"美观性"。在项目实施过程中，教师应重视学生的阶段性评价。教室模型搭建完成后，教师应在每个小组内进行学生自评和互评，量化学生在小组合作中的贡献与收获。

相关资源：环保型材料、美术用具、创意功能教室模型。

（五）分解驱动问题 4

问题：如何展示创意功能教室作品

持续时间：1 周

教学活动：

1. 整理项目资料

①整理设计创意功能教室的整体思路与想法、遇到的问题以及解决方案等。

②完成项目汇报成果的制作。

2. 进行活动成果展示

①向教师和同学展示创意功能教室的设计理念和模型。

②教师和同学对喜爱的多功能教室无记名投票。

③选出受欢迎的创意功能教室模型。

3. 完成总结性评价

①各小组进行互评，完成小组评价。

②教师对各小组进行评价。

设计思路：学生将汇报展示项目成果，有利于将参与项目的过程进行梳理，让教师和同学根据成果进行合理评价。

相关资源：项目成果汇报海报、幻灯片、教室模型、评价表。

五、项目式学习评价方案

项目式学习评价方案如表 3-13 所示。创意功能教室评价表、创意功能教室自评表、创意功能教室组内互评表如表 3-14 至表 3-16 所示。

表 3-13　项目式学习评价方案

主要产品或表现	素养目标	证据	评价方式	评价时机
小组合作	1. 有合作意识 2. 合作效果良好	合作评价表	自评和互评	形成性评价
设计图	1. 有详细的设计图 2. 有具体的设计理念与功能介绍	设计图及相关说明	1. 师生评价 2. 选出优秀的设计图	形成性评价
问题意识及信息收集	1. 认识问题和挑战 2. 进行有效的信息收集	调查报告	1. 同伴汇报交流 2. 同伴相互学习	形成性评价
功能体现	富有创意、融入理念	模型搭建及相关说明	1. 师生评价 2. 选出优秀的模型	形成性评价、总结性评价

续表

主要产品或表现	素养目标	证据	评价方式	评价时机
自我反思和改进	形成完善的自我反思，且包含全部细节描述，改进明显	反思评价表	自评和互评	形成性评价、总结性评价

表 3-14　创意功能教室评价表

组名：

评价内容	评价标准			自评	互评
	好	较好	一般		
教室创意造型	造型美观，富有创意	造型美观	造型普通		
教室布局合理	设计布局非常合理	设计布局基本合理	设计布局一般		
教室功能理念	教室功能体现美观性、未来化、多功能	教室功能体现其中的2条	教室功能体现其中的1条		
教室设计前瞻	能够完美体现教室设计的前瞻性	能够较好地体现教室设计的前瞻性	能够基本体现教室设计的前瞻性		

表 3-15　创意功能教室自评表

		项目	个人意愿	实际表现
自我评价	实施过程	能积极与同学合作交流	☆☆☆☆☆	☆☆☆☆☆
		尊重他人，他人发言时不打断、不贬低	☆☆☆☆☆	☆☆☆☆☆
		能认真听取他人的意见和建议	☆☆☆☆☆	☆☆☆☆☆
		能在小组合作中清晰地表达自己的想法	☆☆☆☆☆	☆☆☆☆☆
		能完成自己的及被分配的任务	☆☆☆☆☆	☆☆☆☆☆
		能与组员合作完成任务	☆☆☆☆☆	☆☆☆☆☆
		乐于将学习成果分享给他人	☆☆☆☆☆	☆☆☆☆☆
		在团队合作中做出贡献	☆☆☆☆☆	☆☆☆☆☆
		在整个学习过程中保持积极的态度	☆☆☆☆☆	☆☆☆☆☆
	小组展示	在展示环节中发言落落大方、声音清晰响亮、语速自然、不紧张	☆☆☆☆☆	☆☆☆☆☆
		表述有条理，能充分利用多媒体方式阐释	☆☆☆☆☆	☆☆☆☆☆

表 3-16　创意功能教室组内互评表

项目		星级		
		姓名：	姓名：	姓名：
组员对我的评价	小组合作情况			
	所有组员都参与小组活动	☆☆☆☆☆	☆☆☆☆☆	☆☆☆☆☆
	组员积极表达问题的解决方案	☆☆☆☆☆	☆☆☆☆☆	☆☆☆☆☆
	存在组员打断他人发言、贬低他人、争执的行为	☆☆☆☆☆	☆☆☆☆☆	☆☆☆☆☆
	讨论时效率低下、会偏离讨论主题	☆☆☆☆☆	☆☆☆☆☆	☆☆☆☆☆
	有组员不清楚任务，游离在活动之外	☆☆☆☆☆	☆☆☆☆☆	☆☆☆☆☆
	个人能力			
	在团队合作的时候与组员配合默契	☆☆☆☆☆	☆☆☆☆☆	☆☆☆☆☆
	在团队中解决问题的能力突出	☆☆☆☆☆	☆☆☆☆☆	☆☆☆☆☆
	在团队学习中保持积极的态度	☆☆☆☆☆	☆☆☆☆☆	☆☆☆☆☆
	乐于助人，尊重组员	☆☆☆☆☆	☆☆☆☆☆	☆☆☆☆☆
	圆满完成团队分配的任务	☆☆☆☆☆	☆☆☆☆☆	☆☆☆☆☆
	积极与组员沟通，表达清晰流利	☆☆☆☆☆	☆☆☆☆☆	☆☆☆☆☆
	学习结束时能与他人一起反思	☆☆☆☆☆	☆☆☆☆☆	☆☆☆☆☆

六、项目实施的关键性课例

表 3-17 为项目实施的关键性课例。

表 3-17　项目实施的关键性课例

创意功能教室	
驱动问题	设计一间创意功能教室
学习目标	1. 调查智慧、多样、有个性的教育新样态，了解未来新样态学校的标准 2. 明确设计一间具有美观性、未来化、多功能特点的创意功能教室所需要关注的元素 3. 分组制定解决方案，培养问题意识，通过调查对教室的功能性、实用性、前瞻性进行比较与分析，学会综合解决问题的能力，发展探究精神与合作意识
学习重难点	学习重点：在未来新样态学校标准的前提下，确定设计创意功能教室所具备的元素，制定问题解决方案 学习难点：针对创意功能教室探究提出问题，并制定解决方案
学情分析	授课对象为三年级学生；这个项目紧扣学生身边的事物，能很好地激起学生的学习兴趣

续表

教学过程				
学习任务	学生活动	教师组织	学业要求	设计意图
了解未来新样态学校的设施，畅想创意功能教室的元素	1. 课前准备活动：学生自由结成小组，一组5人；以小组为单位讨论未来新样态学校的设施 2. 全班积极探索，先通过发散思维的方式在小组内讨论创意功能教室的美观性、未来化、多功能特点 3. 利用课余时间进行相关内容的资料收集整理；结合小组讨论畅想的创意，进行小组内部讨论和探究本小组的研究重点	1. 明确研究主题——为学校设计一间创意功能教室；引导学生完成自由分组任务 2. 从给新校区襄七房单元小学设计创意功能教室引入，让学生讨论分享后引导学生进行补充和讨论，并提炼相关数学知识点 3. 深入分析每组学生的创意，引导学生明确小组探究的重点；引导学生发现问题、提出问题：创意功能教室的方位怎样，创意功能教室需要承担哪些功能，怎样做到有前瞻性的设计，教室的座位如何设计更符合创意功能教室的理念	1. 能够明确并了解该项目主题中的数学知识 2. 能够积极思考并回答问题，能在实际情境中发现相关数学问题 3. 能够积极思考，并对比同学提炼的数学相关知识点的异同情况	学生通过分析不同功能教室的特征，并考虑未来教室的前瞻性与时尚性，综合运用已有的知识和经验，经过自主探索和合作交流，确定设计喜欢的未来功能教室，从而解决与生活经验密切联系的、具有一定挑战性和综合性的问题
	1. 认真准备调查作业的小组展示；在展示过程中呈现创意功能教室的方位问题、创意功能教室的空间大小等问题	1. 组织学生展示调查任务中的小组报告成果，引导学生积极思考其他小组内容涉及的相关数学知识	1. 能够理解并思考教师所提出的问题 2. 能够提出和分析问题、解决问题；欣赏他人的研究成果并对其反思	

续表

学习任务	学生活动	教师组织	学业要求	设计意图
	2. 结合现阶段所具备的知识以及需要学习的数学知识内容进行思考，整理解决问题的思路	2. 通过小组展示，结合学生的展示内容进行知识点的总结和归纳，在活动中引导并培养学生的空间观念、数据分析观念、运算能力、应用意识		
结合对创意功能教室的相关因素探究，分组制定设计图制作与模型搭建方案	1. 设计一间具有美观性、未来化、多功能特点的创意功能教室所需关注的元素 如何将设计的探究与数学学习相结合 2. 学生积极举手发言 预期顺序：创意功能教室的空间如何布局；尺寸分别是多少；室内物品方位如何；怎样体现前瞻性与功能性；座位尺寸如何确定；模型搭建过程中要关注哪些因素	1. 对新校区功能教室的设计图制作与模型搭建进行整理，引导学生将问题放在设计图制作和模型搭建相关内容的确定与完善上 2. 整理归纳，引导学生由易到难地去思考：哪些问题可以归为一类；将这些问题由易到难排序，应该先去解决哪些问题 根据学生的回答，在黑板上对问题与解决方案进行梳理 3. 引导学生以小组为单位，通过上网查阅资料解	能够独立思考，独立提出解决问题的思路，并能够对解决问题的思路进行由易到难的排序	1. 设计创意功能教室是一个不局限于教材的项目，还能引导学生从多角度、多侧面、多方向思考问题；提高学生灵活运用知识的能力，发展学生的创新思维 2. 从前期的讨论到后期的实践，让学生感受到数学与科学来源于生活，生活中又充满着数学与科学，把握知识与生活的衔接，实现知识与生活的联系

续表

学习任务	学生活动	教师组织	学业要求	设计意图
	3. 学生以小组为单位查阅资料，边查阅边讨论；小组合作解决刚刚提出的问题解决问题的思路：人员分工、时间规划、实施路径、预期成果探究方向：教室创意造型、教室布局合理、教室功能理念、教室设计前瞻性	决刚提出的问题引导学生通过人员分工、时间规划、实施路径、预期成果这几大方面确定解决问题的方案	能够与他人合作，提出解决问题的思路，能够设计解决问题的方案；能够通过上网查阅的方式以及学新知识解决问题	培养学生小组探究、学习、讨论、校正、补充、合作的能力，调动学生的课堂积极性，激活学生的学习思维

七、项目反思

（一）学生反思

1. 项目执行反思

未来设计师小组：当我们听到能够为新校区设计教室时，大家都非常激动，都想大展身手，为学校的建设出一份力。可是在刚开始了解"未来教室"这一理念时，我们小组就犯了难，不太了解"未来教室"，也不知从何入手解决这一难题。我们在查阅信息方面存在欠缺，需要寻求帮助。

科学创想小组：我们小组在设计方案图时产生了许多不同的想法。大家都认为自己的想法更有新意，没有很好地沟通，在这个环节出现了许多问题。我们应该重视和组内同学的沟通，学会耐心倾听同学的想法，能够平心静气地商量解决问题的方法。

2. 项目结束反思

畅想飞驰小组：通过这次活动，我们发现数学知识真有用，没想到数学知识能够走出课堂，帮助我们解决身边的问题。如果学校能够采纳我们的设计，我想那一定很棒！在整个活动过程中，我们学会了查阅和筛选信息。现在网络上的信息很复杂，我们在筛选有效信息上有了很多经验，而且学会了如何与同伴合作，学会了如何制作幻灯片和剪辑视频。整个过程中的体验太棒了！我们非常期待下一次数学活动。我想有了这次活动的经验，我们一定会把下次的活动做得更棒！

（二）教师反思

1. 项目启动反思

项目启动之初主要存在以下两个问题。一是学生对项目主题的理解不到位。教师需要引导学生查阅相关资料，初步构建活动思路，并基于此在小组内开展头脑风暴活动，不断完善对项目的理解，进而实现创新。二是学生缺乏小组活动的经验。教师需引导学生依据彼此间的差异性和互补性进行组队与分工。同时教师还需组织学生在项目伊始制定小组活动要求，以期保证项目的有效开展。学生的年龄偏小，他们缺乏项目化活动的相关经验。故教师在启动项目之前需重点关注这两个问题并做好预期规划，指导学生做好组队工作，合理有效地查阅、筛选各项信息，组织小组内的项目主题讨论，鼓励提出具有创新性的想法。

2. 项目执行反思

项目执行的各个阶段存在一些细节性问题。在了解理念的阶段，学生由于年龄尚小对"未来"这一概念的理解比较抽象，无法将这一理念与创意功能教室的设计进行有效融合。这需要教师对该理念进行有效阐述并做好信息收集整理的指导。在设计方案图的阶段，学生缺乏平面设计的经验。教师可引导学生寻求社会资源的帮助，如吸纳专业人士在班级内开展平面设计相关主题的培训活动。在搭建模型阶段，虽然学生的动手能力较强，但他们在搭建过程中存在不同意见。教师需关注该阶段学生小组活动的秩序与分工。在展示作品阶段，学生缺乏相关幻灯片、视频制作等技术性能力。教师可引导学生向有技术经验的家长寻求技术性支持。

3. 项目结束反思

项目式学习是基于主客体相互作用的活动中介，让学生在项目化活动中完成学习对象与自我的双向建构，实现自我发展。在项目式学习中，学生不仅在真实情境中感受到了学科知识的融合，而且增强了小组合作、操作应用、沟通交流、创新思考等能力，真正实现了生命体的多彩发展。项目式学习有利于构建生动活泼的课堂观，促使课堂教学成为一个动态生成、师生共同建构、生命共同发展、富有个性的创造过程；有利于构建生态发展的课程观，让学生在探索体验活动的过程中，将抽象知识和结论活化并统整到经验之中，同时将在活动中获取的知识与经验构成新的课程资源。

【专家点评】

该项目式学习引导学生以一种充满想象与创新的方式来探索未来教育空间的设计与应用，将课堂学习与现实生活紧密相连，鼓励学生运用跨学科知识和想象力构建他们心中的未来教室。首先，学生通过深入研究现代教室的功能、局限性以及对未来教育趋势的理解，展现出超前的理念与敏锐洞察力。学生设想的多功能教室具有美观性、未来化、多功能特点，从而创造了一个充满可能性的互动式空间。这个项目紧扣学生身边的事物，能很好地激发学生的学习兴趣。设计者是学生，那么视界就转换成儿童的角度，使空间符合儿童的喜好。设计的核心着眼儿童的人格特点，这样多功能教室就是灵动、有趣味的。其次，学生在项目实施过程中通过分组合作，各司其职，通过讨论、绘图、模型制作等多种形式展示设计方案，有效培养了沟通交流能力和团队协作精神。同时，这个过程也锻炼了他们的动手能力和问题解决能力。该项目不仅极大地发展了学生的创新思维和实践能力，还让他们在实践中体验到了设计、规划与决策的重要性，对未来的教育环境产生了积极而深远的影响。这样的活动对于培养具有独立思考能力和创新意识的时代新人具有重要作用。

课例三　纸盒变家具

一、项目概述

世界上没有废弃的物品，只有放错地方的资源。日常生活中的家具千姿百态，款式多样，造型各异，是一种既有实用功能又有文化艺术性的物质器具；既包含科学技术的一面又包含文化艺术的一面。"纸盒变家具"项目通过对生活中废弃商品包装盒的再利用、再创建，促使学生观察思考、动手创作，利用纸盒制作家具，变废为宝；使学生的数学应用能力、创造能力、动手实践能力、观察思考能力、协作交流能力得到发展。纸盒家具的制作蕴含着丰富的数学、美术、信息技术、科学等知识；纸盒家具打开了学生的创作思路，培养了学生的自主参与、动手实践、项目管理和复盘反思的能力，发展了学生的素养；纸盒家具的制作搭建了真实实践的平台，提高了学生的实践度、协作度、参与度和感知度。表 3-18 为项目概述。

表 3-18　项目概述

项目名称	纸盒变家具
学生的年龄段	三年级
涉及学科	数学、美术、科学、信息技术
成果展示方式	纸盒家具展示分享会
学校	临洮县第二实验小学
指导教师	牟朝霞、申娟
设计团队	苏维平、边惠娟、王桃、孙银桃、赵小龙

二、项目目标

表 3-19 为项目目标。

表 3-19　项目目标

学业发展目标	数学学科	1. 结合具体操作，感知平面图形、立体图形的特征及其之间的关系，初步运用长度单位的知识认识和解决制作家具中的长短、高矮问题，在动手操作中形成空间观念 2. 从数学的角度认识家具设计制作的合理性与艺术美，发展应用意识 3. 提高动手操作、合作交流、分享评价的能力，发展观察、发现、提出、分析、解决问题的能力和创新意识
	艺术学科	通过体验设计制作家具的过程，提高审美表现力

续表

素养发展目标	真实合作解决问题	1. 理解团队共同的目标与方向，团结合作，齐心协力完成项目任务 2. 明确自己的团队角色和项目任务，尽职尽责，取长补短
	同理心	1. 能够从实用的角度去选择合适的纸盒设计家具 2. 能够从美观的角度去设计家具
	责任担当	在活动中敢想敢说，积极尝试
	批判性思维	1. 能提出问题与给予解决方案 2. 能对制作过程、展示活动自评、互评，并提出改进意见

三、项目驱动问题

表 3-20 和表 3-21 分别为核心驱动问题与分解驱动问题。

表 3-20 核心驱动问题

核心驱动问题	项目成果	总时长
如何合理利用纸盒制作家具	美观的纸盒家具	8 周

表 3-21 分解驱动问题

分解驱动问题	主任务	主产品	时长
分组收集纸盒，准备制作家具的材料	1. 根据选择制作的家具进行分组 2. 初步确定家具的样式、形状和大小 3. 收集纸盒	1. 分组任务单 2. 家具样式草图 3. 收集的纸盒	3 周
如何制作家具	动手制作，完成评价	1. 动手制作家具 2. 讨论解决问题 3. 完善制作家具 4. 完成阶段性评价	3 周
如何展示和推广成果	展示成果，进行复盘	1. 各组整理项目实施的过程遇到的问题、解决方案和成果 2. 纸盒家具 3. 完成总结性评价	2 周

四、项目式学习实施过程

（一）入项活动

问题：如果利用生活中废旧的纸盒制作家具，你想制作什么家具

持续时间：1 天

教学活动：

①播放视频，观察思考身边家具的形状和样子。

②讨论纸盒家具的样式。教师组织学生讨论交流家具的形状和样式。

③揭示项目主题。如果要利用纸盒制作家具，思考准备制作一个什么样的家具。

④明确任务，启动项目。

第一，根据选择制作的家具组成项目小组(如书柜组、桌子组、双层床组、板凳组、沙发组)，基本上是 10 人左右一组。

第二，各小组明确分工，制订公约。

第三，正式启动项目。

设计思路：利用废旧纸盒制作家具这个现实背景，激发学生的创造性和社会责任感。在制订制作纸盒家具的活动计划中，学生培养了合作、沟通与问题解决的能力。

（二）分解驱动问题 1

问题：分组收集纸盒，准备制作家具的材料

持续时间：3 周

教学活动：

①初步交流如何绘制简单的家具样式。

②交流制作家具所需纸盒的大小、样式。

③收集纸盒，购买所需材料。

④完成阶段性评价。

设计思路：在初步交流如何绘制简单的家具样式的过程中，学生对所学数学、美术等知识进行整合应用；在解决新问题的过程中，学生培养了空间观念、创新意识和应用意识。

相关资源：入项活动前的家具照片、收集的纸盒、所用耗材、简单的家具设计示意图、评价单。

（三）分解驱动问题 2

问题：如何制作家具

持续时间：3 周

教学活动：

①初步制作家具。

第一，小组成员进行分工，认领任务。

第二，制作家具。

第三，记录在制作过程中遇到的问题和解决方法。

②寻找解决问题的办法。

第一，全班交流出现的问题，寻求解决办法。

第二，根据上一阶段的交流分享，对制作过程进行整改完善。

③制作完善家具。

④完成阶段性评价。

设计思路：学生在制作纸盒家具的过程中出现了各种各样的问题，但他们参与的积极性很高。在一次次尝试中，学生思考、交流、动手；在解决问题的过程中，学生的合作能力、动手操作能力、解决问题能力得到了很大提高。

相关资源：纸盒家具的最终成品、阶段性评价学习单。

（四）分解驱动问题3

问题：如何展示和推广成果

持续时间：2周

教学活动：

1. 展示作品

①小组分工，整理需要展示的内容。

②展示纸盒家具。

2. 分享制作过程

全班展示项目制作中收集的资料、出现的问题和解决的办法，以及最后制作的纸盒家具。

3. 展示评价

①个人自评、互评。评价内容涉及团队成果、个体参与制作学习的情况。

②小组评价。其他小组提问，本小组成员答辩。

③完成总结性评价。

设计思路：搭建展示平台，给予学生交流的时间和空间，让他们将自己的成果和制作过程进行分享交流。在展示、评价中，学生的思辨能力、语言表达能力、对问题的思考能力都有所提高；同时学生间的合作、互助能力也得以培养，真正实现了全员、全程、全方位、全科育人。

相关资源：纸盒家具、汇报用的幻灯片和总结性评价单。

五、项目式学习评价方案

表 3-22 为项目式学习评价方案。表 3-23 和表 3-24 分别为成果展示评价表、成果展示互评表。

表 3-22　项目式学习评价方案

主要产品或表现	知识或能力目标	证据	评价方式	评价时机
家具图片	了解家具的结构和样式特点	家具样式照片	生生互评，教师及时反馈	形成性评价
纸盒家具简单示意图	结合已学的数学学科中图形、长度单位的知识画出简单家具样式图	简单家具样式图	生生互评，教师及时反馈	形成性评价
纸盒家具	创造、设计、制作家具，参与体验制作家具的过程	美观的纸盒家具	1. 评价表 2. 优秀作品评选	形成性评价、总结性评价
汇报展示	1. 能够准确、清晰地介绍本组的制作过程及出现的困难 2. 能够自评、互评、小组评；语言简练，有条理	1. 评价表 2. 视频	1. 评价表 2. 自评、互评 3. 教师及时反馈	形成性评价、总结性评价

表 3-23　成果展示评价表

组别	内容 主题明确，设计合理的研究方案，可操作性强	汇报交流 观点阐述明确，能清晰、流畅地介绍小组的设计思路	倾听 认真倾听，做好记录，及时评价	互动 对于同学提出的疑问，能做出合理的解答	创新 项目设计研究方案有说服力，家具模型设计美观
1	☆☆☆☆☆	☆☆☆☆☆	☆☆☆☆☆	☆☆☆☆☆	☆☆☆☆☆
2	☆☆☆☆☆	☆☆☆☆☆	☆☆☆☆☆	☆☆☆☆☆	☆☆☆☆☆
3	☆☆☆☆☆	☆☆☆☆☆	☆☆☆☆☆	☆☆☆☆☆	☆☆☆☆☆
4	☆☆☆☆☆	☆☆☆☆☆	☆☆☆☆☆	☆☆☆☆☆	☆☆☆☆☆
5	☆☆☆☆☆	☆☆☆☆☆	☆☆☆☆☆	☆☆☆☆☆	☆☆☆☆☆

表 3-24　成果展示互评表

组名：

评价内容	评价标准			评分
	好	较好	一般	
项目计划（20分）	计划清晰，有具体阶段安排，任务分工明确，有行动准备、过程、结果等说明(17～20分)	计划清晰，在计划表上标注基本阶段内容及任务分工(13～16分)	只有简单的框架，没有标注阶段内容、行动等(9～12分)	
问题解决（30分）	积极参与，出现问题能齐心协力，想办法解决；小组成员间有分工，有合作(26～30分)	较主动参与，出现问题能想办法解决；小组成员间有分工，有合作(21～25分)	出现问题不能想办法解决；小组成员间分工合作不明确(16～20分)	
项目实施（30分）	能根据目标进行活动，运用所学知识、技能解决实际问题；在交流中能清晰表述自己的想法，与同伴合作完成任务(26～30分)	知道项目目标，但不能准确运用所学知识解决实际问题；在交流中能表述自己的想法，与同伴合作完成任务(21～25分)	项目目标不清楚，不会运用所学知识解决实际问题；在交流中有回应，配合同伴完成任务有点困难(16～20分)	
项目展示（20分）	能清晰、流畅地介绍项目参与过程，对出现的问题解决过程表述清楚；全组成员参与，相互补充(17～20分)	能较清晰、较流畅地介绍项目制作过程，对出现的问题解决过程有提到；个别成员参与展示(13～16分)	不能清晰、流畅地介绍小组项目参与过程，对于问题解决的表述不清楚；一位成员展示(9～12分)	

六、项目实施的关键性课例

表 3-25 为项目实施的关键性课例。

表 3-25　项目实施的关键性课例

纸盒变家具	
驱动问题	如何变废为宝，纸盒变家具
学习目标	1. 结合具体操作，感知平面图形、立体图形的特征及其之间的关系，初步运用长度单位的知识认识和解决制作家具中的长短、高矮问题，在动手操作、数形结合中发展空间观念和几何直观

续表

	2. 从数学的角度认识家具设计制作的合理性与艺术美，培养应用意识 3. 提高动手操作、合作交流、分享评价的能力，发展观察、发现、提出、分析、解决问题的能力和创新意识
学习重难点	提高学生应用所学知识观察、发现、提出、分析、解决问题的能力和创新意识
学情分析	学生在二年级已学习基本长度单位，能进行单位换算，能准确测量物体的长度和高度，并能正确判断平面图形和立体图形，对长方形、正方形、平行四边形有初步的认识，知道长方体、正方体、圆柱、球等立体图形；这些知识为他们完成设计提供了必要的知识基础

教学过程			
学习任务	学生活动	教师组织	学业要求	设计意图
你想利用纸盒制作一个什么样的家具	1. 课前准备活动：学生收集的家具图以小组为单位讨论准备制作的家具有什么特征 2. 通过上网查阅相关资料，小组内部进行讨论并整理纸盒家具的相关图片，确定本小组的设计图	1. 利用课件播放纸盒家具图，明确研究主题——纸盒变家具 2. 组织学生开展讨论分享，引导学生进行补充，提炼纸盒变家具中的相关数学问题 3. 引导学生完成自由分组	1. 能够明确并了解研究主题——纸盒变家具 2. 能够积极思考问题，能在实际情境中解决相关设计问题	1. 能够从实用的角度去选择合适的纸盒设计家具，在制作过程中会运用所学知识解决实际问题 2. 培养废旧物品再利用的节约意识、环保意识
制作家具需要收集什么样的纸盒	小组成员合理分工，收集所需的废旧纸盒，尤其是要考虑纸盒的大小	给予学生相应的指导，如需要纸盒的形状、数量、大小等实际问题	制作之前要有合理的设计方案；需要准备哪些物品，制作过程应注意什么等	让学生合理计划，通过自己所学数学、美术等知识进行旧物改造，体验学以致用的思想
如何制作家具	小组成员合理分工，发挥各自的特长，量、剪、拼，共同合作，制作简易家具模型	给遇到困难的小组适时提供帮助	能够根据小组的设计方案，通过测量、剪切、拼接等活动，制作漂亮的家具模型	让学生在动手操作中参与体验，感知数学在生活中的用途
成果分享	各小组向全班展示并解说制作过程和制作感言	及时评价每个小组的作品，予以鼓励	在操作中记录小组合作的真实体验，学会学习	让学生感受创造的喜悦、数学的魅力

七、项目反思

（一）学生反思

1. 项目执行反思

书柜组：我们组选择利用纸盒做书柜。自己动手做书柜很有趣，虽然有点难，但是我们很开心。我们刚开始计划做一个大一点的书柜，后来发现制作大一点的书柜需要的纸盒要大、要多。所以我们制作了一个小一点的书柜。我们选择的材料有胶水、双面胶、长方体和正方体纸盒、美工刀等。在制作过程中，我们发现双面胶不好用，如果有热熔胶就好了。美工刀的使用有一定的危险，一不小心会把手划破。我们的纸盒大小不一，直接粘起来根本不行。最后我们通过折、剪、插、挖、刻、粘贴、组合等方法做成了一个书柜。它共有三层书架，看起来很好看。

板凳组：在制作中我们感受到长方形的对边是相等的。我们用直尺量得很认真，使左右一样高，这样板凳就不会斜。在活动中我们有时拼插，有时粘贴。最后我们还给板凳粘上了美丽的花边点缀。装饰的颜色搭配应协调。老师后来还表扬了我们组。

2. 项目结束反思

沙发组：纸盒家具制作中原来有这么多有趣的数学学问。在这次活动中，我们遇到了很多困难。但是通过请教老师、同学、家长，我们最终想办法解决了问题，制作出了一个很好看的沙发。通过这次活动，我们知道在解决问题的过程中小组成员要分工明确、团结协作。

（二）教师反思

1. 项目启动反思

本项目通过对生活中商品包装盒的再利用、再创建，促使学生在真实情境和问题导向下观察思考、探究体验，利用纸盒制作家具，变废为宝。这有助于发展学生的数学应用能力、动手实践能力、观察思考能力、合作交流能力以及责任担当和实践创新能力。为此，在项目启动前，教师和学生共同收集了大量的家具图片，并引导学生进行认真观察；通过启动会上对家具样式的表述，学生初步认识平面图形、立体图形以及它们之间的关系，提高学生的数学素养、艺术素养。

2. 项目执行反思

在项目执行中，受年龄、认知水平的限制，学生遇到了很多困难。但是不可小瞧这些学生，他们从无序到有序，从各自为政到相互合作，在一次次失败中得到了经验和方法，最终完成了目标，制作出了纸盒家具。学生在这次活动中学会的不仅是制作纸盒家具，感知图形的特征与关系，感受家具的稳定性、协调性、美观性，还提高了参与解决问题的能力、合作创造的能力。教师发现只要充分信任学生，恰当引导，学生就会给我们惊喜。

3. 项目结束反思

在制作纸盒家具时，项目启动前教师做了细致的准备，让每个小组明确项目目的和安排自己小组成员的分工，让人人都有事做。在项目执行中学生参与的积极性很高，发现问题后不断调整修改，学会了合作互助。教师的及时评价给予了学生很大的肯定。在项目完成后的分享中教师能感受到学生的成就感。制作纸盒家具对教师的学科整合能力提出了更高的要求，给予学生深度探究式学习的机会。在制作纸盒家具的过程中，学生是积极参与者和知识建构者，教师是学生学习的陪伴者和引路人。

【专家点评】

该项目是学生利用生活中的废弃商品包装盒制作纸盒家具。在项目执行中，学生整合数学与美术、信息技术、科学等其他学科的知识和思想方法，通过小组合作、自主参与和动手创作实践，从数学的角度观察分析、思考表达、解决纸盒变家具的现实问题，感受数学与科学、技术、艺术等学科领域的融合，积累数学活动经验，体会数学的科学价值，提高发现与提出问题、分析与解决问题的能力，发展应用意识、创新意识、实践能力和项目管理能力。

从项目计划、问题解决到项目实施、项目展示复盘，该项目搭建了学生真实学习实践的平台，为学生成长提供了高质量、多样化、可选择的学习空间；使学生成为学习的主人，拓宽了学生学习的广度、深度和高度，体现了学习活动的真实性、跨学科性、建构性、自主性、问题性、产品性，具有真实度、实践度、协作度、参与度和感知度，真正促进了学生素养的发展。

课例四 小小校园设计师
——我喜欢的楼梯台阶标语

一、项目概述

楼梯台阶标语不仅是学校的一道靓丽风景,而且能充分发挥环境的隐性教育功能,对学生的成长和成才具有规范、引导、激励、熏陶等作用。学校现存的楼梯台阶标语缺失、破损、时间久远。作为五年级毕业生,他们迫切希望改变这些现状,在离校前再为母校做一件有意义的事情。因此,五年级围绕"小小校园设计师——我喜欢的楼梯台阶标语"这个主题,开展了项目式学习活动。我们调查学生喜爱的标语主题,学习关键性课例"比例尺的应用",确定标语尺寸、手工绘制、美化标语,经历多次交流、论证和优化,最终投票选出三个优胜组,将设计出的楼梯标语按比例放大制作成品,张贴在楼梯台阶处,向全校师生展示学习成果。表 3-26 为项目概述。

表 3-26 项目概述

项目名称	小小校园设计师——我喜欢的楼梯台阶标语
学生年龄段	五年级
涉及学科	数学、美术、科学
成果展示方式	开展楼梯台阶标语展览会,向全校师生展示、介绍本组制作的楼梯台阶标语
学校	济宁学院附属小学冠亚校区
设计团队	孙鲁、王芳、鞠仙、白树兵

二、项目目标

表 3-27 为项目目标。

表 3-27 项目目标

学业发展目标	数学学科	1. 明确在图纸上初步绘制楼梯台阶标语的任务,在具体情境中学习比例尺的应用,能根据比例尺的意义选择合适的比例尺,会计算图上距离,能按一定比例将简单的图形放大或缩小,体会图形的相似性,发展空间观念 2. 探究绘制楼梯标语的操作步骤,明确注意事项,掌握一般的项目设计思路 3. 结合实际,经历提出问题、分析问题、解决问题的过程,初步学会数学的思维方式,提高问题意识和解决问题的能力 4. 在合作探索解决现实问题的过程中,感受数学与生活的密切联系,增强应用意识,体验合作的乐趣

续表

素养发展目标	艺术学科	1. 在开放的学习情境中感知形象，迸发创意，运用艺术语言和方式理解标语设计的形式美和意蕴美，提高实践能力、创造能力和审美能力 2. 积极主动参与艺术实践活动，体验创造的乐趣和自我成功的喜悦 3. 敢于分享、乐于交流艺术学习中的体验和成果
	真实合作解决问题	1. 改变现存的楼梯台阶标语缺失、破损、时间久远等真实现状 2. 通过合作，筛选、重组信息和数据，合理地解决问题并完成项目任务
	责任担当	增强严谨治学的精神，提升主人翁意识
	有效沟通	1. 能倾听他人的想法，并积极交流沟通 2. 在活动中提升团队合作意识，提高团队协作能力

三、项目驱动问题

表 3-28 和表 3-29 分别为核心驱动问题和分解驱动问题。

表 3-28 核心驱动问题

核心驱动问题	项目成果	总时长
如何设计大家喜爱的楼梯台阶标语	楼梯台阶标语成品	4 周

表 3-29 分解驱动问题

分解驱动问题	主任务	主产品	时长
设计楼梯台阶标语应考虑哪些方面	1. 调查统计学生喜爱的标语主题 2. 确定标语内容 3. 交流标语设计维度	1. 调查统计表 2. 标语主题集	12 天
怎样绘制大家喜爱的楼梯台阶标语	1. 首次绘制：选择合适的比例尺，绘制缩小后的标语图形 2. 二次绘制：从色彩搭配、字体等方面确定构图 3. 结集成册：选择材料，等比例彩印，粘贴标语	1. 学生手绘楼梯台阶标语集 2. 彩印后的楼梯台阶标语 3. 完成阶段性评价	12 天
你有什么感想和收获	1. 展示交流 2. 回顾分享	1. 梳理项目实施过程，制作幻灯片并分享经验 2. 完成总结性评价	4 天

四、项目式学习实施过程

（一）入项活动

问题：为什么要更换楼梯台阶标语

持续时间：1 天

教学活动：

1. 启思：现存的楼梯台阶标语存在哪些问题

组织学生交流：拍摄楼梯台阶标语的照片，共同寻找存在的问题，如标语缺失、破损、年代久远等。

2. 追问：作为毕业生，你们能做些什么

引导学生设计、制作并更换楼梯台阶标语。

3. 引发驱动问题

引导学生思考如何设计大家喜爱的楼梯台阶标语。

4. 项目启动，学生分组

①宣布项目启动。

②学生每 6 人一组，自由分组。教师根据每个学生的个性和特长，进行个别微调。

③确定组名，明确个人分工，制定合作学习规则。

（二）分解驱动问题 1

问题：设计楼梯台阶标语应考虑哪些方面

持续时间：12 天

教学活动：

1. 头脑风暴，确定任务流程

①围绕问题展开小组头脑风暴。

②收集各小组的想法，并张贴、分类、归纳，梳理出任务流程。

2. 围绕调查统计学生喜爱的标语主题任务开展小组活动

①完成调查统计。

②汇报小组活动的方式、过程及调查结果。

3. 围绕确定标语内容任务开展小组活动

①明确选取标准，多途径查找主题标语。

②删减、优化主题标语，形成标语主题集。

4. 围绕交流标语设计维度任务开展小组活动

记录每位组员的观点意见，交流设计的维度并进行汇总。

设计思路：选取适合学生的知识能力水平和具有探索性和开放性的真实问题，激发学生的学习兴趣和探索欲。

相关资源：提供相关的学习支架，如调查统计表、小组成员分工表、过程性评价单等，明确绘制时所需的材料、制作标语的材质、价格等。

（三）分解驱动问题2

问题：怎样绘制大家喜爱的楼梯台阶标语

持续时间：12天

教学活动：

1. 首次绘制

①学习数学的关键性课例"比例尺的应用"，选择合适的比例尺，绘制缩小后的标语图形。

②组内交流后进行修改。

③全班展示按比例缩小后的长方形框架的绘制过程与方法。

2. 二次绘制

①学习美术课例"构图与色彩"，从色彩搭配、字体等方面确定构图。

②组内交流后进行修改。

③全班展示构图的理念。

3. 结集成册

①收集最终构图，整理成册。

②对比标语制作材料的材质、价格，选择合适的制作材料。

③等比例放大彩印，与打印社沟通打印细节。

④与工人师傅沟通粘贴技巧，粘贴标语成品。

设计思路：在教师的引导下，随着项目的实施，学生经历了内在经验的深思、重组和优化的过程。学生能主动将得到的新知识、新技能、新经验运用到标语的绘制中，学生的思维得到发展，沟通能力得到提高。

相关资源：学生设计的初稿与终稿、打印并粘贴的楼梯台阶标语成品、过程性评价单。

（四）分解驱动问题3

问题：你有什么感想和收获

持续时间：4天

教学活动：

1. 展示交流

①班内召开发布会。

②向上下楼梯的教师和学生介绍。

2. 回顾分享

①在全班展示时介绍项目研究的过程、设计灵感、其中难忘的事情、收获等内容。

②完成总结性评价。

设计思路：项目式学习更多关注学习与生活的联系。学生在与教师及各年级同学的对话和分享中，感受到个人智慧和集体智慧碰撞的火花，增强了学习的体验。

相关资源：涉及的课件资源包及总结性评价单。

五、项目式学习评价方案

表 3-30 为项目式学习评价方案。表 3-31 和表 3-32 分别为成果展示互评表和成果展示评价表。

表 3-30 项目式学习评价方案

主要产品或表现	素养目标	证据	评价方式	评价时机
调查统计表	1. 经历统计的全过程，进一步获得统计活动的经验 2. 能清晰、完整、有条理地介绍调查的对象、过程和结果	统计过程全面、真实，填写规范	1. 统计表 2. 师生评价汇报过程	形成性评价
绘制的楼梯台阶标语	1. 能按一定比例将图形放大或缩小，体会图形的相似性，发展空间观念 2. 运用艺术语言和方式理解标语设计的形式美和意蕴美，提高实践能力、创造能力和审美能力	保证数据准确、比例尺正确、绘图方法科学，掌握构图技巧	1. 师生评价汇报过程 2. 选出优秀的绘制图	形成性评价
楼梯台阶标语成品	1. 能运用所学知识、技能完成标语的制作 2. 能倾听他人的想法，表述自己的观点，并积极交流沟通	台阶标语精美、完整，能很好地表现主题	评价表	形成性评价、总结性评价
汇报	1. 能围绕汇报主题选取相关材料制作课件 2. 能准确、清晰地表达本组的观点	内容丰富，表达清晰，语言生动有趣	1. 评价表 2. 教师及时反馈	形成性评价、总结性评价

表 3-31　成果展示互评表

组名：

评价内容	评价标准			评分
	好	较好	一般	
小组合作（10分）	能主动遵守小组约定，具备良好的合作意识，明确自己的分工及所担任的职责；体现个人价值，乐于和小组成员一起解决遇到的问题(8～10分)	能遵守小组约定，具备合作意识，明确自己的分工及所担任的职责；能与同伴交流，能和小组成员一起解决遇到的问题(5～7分)	不能主动遵守小组约定，需组员提醒自己的分工及所担任的职责；不能主动和小组成员一起解决遇到的问题(3～4分)	
项目设计（30分）	明确调查的对象、方法和过程；清晰、完整、有条理地介绍调查的对象、过程和结果；准确、有针对性地指出他人计划的优点和不足，并提出建议(26～30分)	比较清楚调查的对象、方法和过程；较完整地介绍调查的对象、过程和结果；指出他人计划的优点和不足(21～25分)	不清楚调查的对象、方法和过程；介绍时不够清楚，抓不住重点；不清楚他人计划的优点和不足(15～20分)	
项目实施（40分）	明确项目目标，会根据目标开展活动，能运用所学知识、技能解决实际问题；在交流中能清晰表述自己的想法，与同伴合作完成任务(33～40分)	知道项目目标，但不知道根据目标开展活动，不能准确运用所学知识解决实际问题；在交流中能表述自己的想法，与同伴合作完成自己的任务(28～32分)	不知道项目目标或不会运用所学知识解决实际问题；在交流中有回应，能按要求配合同伴完成任务(20～27分)	
项目展示（20分）	设计作品中的比例尺能准确地反映缩放比例；最终成果有亮点，整体设计方案有创意；语言生动连贯，能准确描绘活动过程或想法(17～20分)	设计作品中的比例尺能较好地反映缩放比例；最终成果符合设计意图；语言较为连贯，能表达出活动过程或想法(13～16分)	设计作品中的比例尺不能准确地反映缩放比例；最终成果不能可视化；语言不连贯，不能准确表达(10～12分)	

表 3-32 成果展示评价表

组别	评价维度				
	内容	汇报	倾听	互动	创新
	作图准确；主题突出；书写规范；画面精美	课件制作精美，有丰富的照片、影音资料；语言生动有趣，表达清晰	认真倾听，及时给予反馈	互动形式丰富多样，观众乐于参与	构思新颖、独特
1	☆☆☆☆☆	☆☆☆☆☆	☆☆☆☆☆	☆☆☆☆☆	☆☆☆☆☆
2	☆☆☆☆☆	☆☆☆☆☆	☆☆☆☆☆	☆☆☆☆☆	☆☆☆☆☆
3	☆☆☆☆☆	☆☆☆☆☆	☆☆☆☆☆	☆☆☆☆☆	☆☆☆☆☆
4	☆☆☆☆☆	☆☆☆☆☆	☆☆☆☆☆	☆☆☆☆☆	☆☆☆☆☆
5	☆☆☆☆☆	☆☆☆☆☆	☆☆☆☆☆	☆☆☆☆☆	☆☆☆☆☆

六、项目实施的关键性课例

表 3-33 为项目实施的关键性课例。

表 3-33 项目实施的关键性课例

比例尺的应用	
驱动问题	怎样绘制大家喜爱的楼梯台阶标语
学习目标	1. 明确在图纸上初步绘制楼梯台阶标语的任务，在具体情境中学习比例尺的应用，能根据比例尺的意义选择合适的比例尺，会计算图上距离，能按一定比例将简单的图形放大或缩小，体会图形的相似性，发展空间观念 2. 探究绘制楼梯标语的操作步骤，明确注意事项，掌握一般的项目设计思路 3. 结合实际，经历提出问题、分析问题、解决问题的过程，初步学会数学的思维方式，提高问题意识和解决问题的能力 4. 在合作探索解决现实问题的过程中，感受数学与生活的密切联系，增强应用意识，体验合作的乐趣
学习重难点	学习重点：探究绘制楼梯标语的操作步骤，明确注意事项，掌握一般的项目设计思路 学习难点：能根据比例尺的意义选择合适的比例尺
学情分析	本节课是在学生系统地学习比、比例以及比例尺的基础上进行的应用课；它是比、比例、比例尺知识的延伸和应用，对加深理解比、比例和比例尺，拓展数学学习具有重要作用；比例尺在现实生活中有广泛应用，与本项目式学习活动具有紧密联系 本节课能很好地激活学生的生活经验，让学生感受问题的现实性和趣味性，产生探究学习的欲望，体会数学学习的快乐；但是学生缺乏一般的设计经验，无法将所学知识与具体问题结合起来，需要在教师的引导下找到解决问题的办法

续表

教学过程					
学习任务	学生活动	教师组织	学业要求	设计意图
整理台阶测量相关实际数据，合理设计台阶标语的尺寸	1. 课前准备活动：学生以小组为单位交流上一周的活动内容，整理数据与材料，梳理各自的想法与思路，讨论下一步的学习方向和任务 2. 班内自由交流，讨论设计的台阶标语的尺寸，提供设计思路 3. 各小组对比、分析各自设计的数据，并介绍想法，集思广益 4. 观察有代表性的设计实际效果，辨别优劣，明确思路	1. 引导学生积极做好课后准备工作，测量楼梯台阶的尺寸并做好记录 2. 拍照记录学生的测量工作，记录各组的数据并以此为引入，分享台阶的尺寸数据 3. 在学生讨论并分享后，引导学生根据楼梯尺寸考虑楼梯台阶标语的尺寸大小 4. 整理各组的数据并进行集中展示，引导学生进行对比分析 5. 对有代表性的设计进行初步直观展现	1. 真实准确地测量楼梯台阶的尺寸并做好记录工作 2. 能根据台阶的实际尺寸，结合自身想法初步设计台阶标语的尺寸 3. 能积极表达，乐于分享，学会比较、分析、参考他人的思路	从真实情境中测量、收集资料，并从中获得设计标语尺寸的思路，完成从被动学习者到主动学习者的转变；充分发挥小组合作学习的作用，并学会合作学习
利用比例尺确定缩小后的台阶标语的尺寸，探究标语草图的绘制步骤	1. 认真思考、讨论交流，明确应在缩小后的台阶标语上进行设计 2. 积极思考：要确定缩小后的台阶标语的尺寸需要结合哪些数学知识 3. 小组内积极讨论、思考要绘制缩小后的标语草图以及怎样绘制 小组代表汇报，全班交流；汇报时组内成员可适时补充，其他小组可适时提问	1. 引导学生考虑能否在设计的标语上直接进行设计，如果不能就思考如何解决这一问题；引导学生思考如何利用学过的数学知识解决这一问题 2. 组织学生组内积极讨论，找到绘制缩小草图的方法，明确步骤 3. 组织学生整理信息，组织语言，进一步明确设计步骤，整理板书，突破合作学习的难点	1. 学会设计的一般思路 2. 学会利用学过的数学知识解决现实问题，利用数学语言表达现实世界 3. 能与他人合作，提出解决问题的思路，设计解决问题的方案	初步学会数学的思维方式，帮助学生树立问题意识，学会用数学语言表达现实世界；帮助学生建构解决问题的一般思路，增强分步解决问题的能力；促使学生养成综合考虑问题的习惯，提高解决问题的效率

续表

学习任务	学生活动	教师组织	学业要求	设计意图
	根据汇报，各小组进行整理总结，明确绘制的步骤：①确定合适的比例尺，计算图上的长和宽；②画出标准的长方形；③确定字数相符的标语内容 根据总结的绘制步骤梳理注意事项	组织学生讨论绘制时的注意事项，根据学生表述适时板书，并整理板书，圈画关键词：合适、标准、字数相符		
初步绘制标语，班内成果展示	1. 组内交流讨论，填写探究单，确定合适的比例尺，计算出图上距离 2. 小组代表介绍本组的思路和计算方法，其他小组进行评价 3. 根据绘制步骤及注意事项，设计并绘制楼梯台阶标语 4. 小组内交流各自的设计并改进，选出最优方案；举行产品发布会并介绍 5. 未汇报学生针对汇报的产品进行点评、修改和完善	1. 引导各组在绘制之前确定合适的比例尺，计算图上距离，并填写探究单 2. 组织学生汇报，介绍选取的标准以及计算的方法，引导其他学生点评，并进行借鉴，最终完善方案 3. 组织学生根据设计步骤及注意事项独立设计标语，然后组内交流讨论 4. 召开产品发布会，鼓励各小组积极展示与评价 5. 明确下节课的学习任务	1. 能选择合适的比例尺进行设计，能根据选定的比例尺采取多种方法计算图上距离 2. 愿意表达自己的想法，乐于评价，善于借鉴他人思路并完善作品	在活动中帮助学生适应小组合作学习方式，提高解决问题的能力 在绘制标语活动中引导学生遵循学习要求，并能为小组提供解决方案，从而提高合作意识与合作相关的必备能力 激发学生乐于表达的兴趣，提高学生总结表述的能力 引导学生在学习中学会自我评价及相互评价，并在评价活动中不断完善自我

099

七、项目反思

（一）学生反思

1. 项目执行反思

卓越组：关于"时间"的名言众多，该选哪个呢？经过讨论，我们组选择了12句名言。很快老师就告诉我们，有些名言过于口语化。于是我们筛掉一部分，再加上新的进行替补。但又出现新的问题。有些名言又略显生僻，不好理解。我们就把主题不明显的舍去，重新讨论，选出耳熟能详的名言。我们这次选的是"光景不待人，须臾发成丝""莫等闲、白了少年头，空悲切"等12句名言，最终得到老师和同学的认可。从对时间标语的模糊认识到确定同学喜爱的标语内容，离不开组员的互帮互助，离不开同学的关心提示，也离不开老师的指导建议。谢谢大家对我们的帮助！

2. 项目结束反思

超越自我组：在项目开始初期，我们组先调查了有同学喜爱的标语的想法。有的课间调查二、三年级同学的想法，有的下课后调查四、五年级同学的想法，有的上学时调查一年级同学的想法。最终我们统一了意见，选材要独特、易懂；插图要精美；画出的长方形要准确。既然方向已经确定，我们确定标语后开始设计。我们实地测量了楼梯的尺寸，将长150厘米、宽10厘米的长方形作为标语的实际尺寸。我们根据数学课"比例尺的应用"的学习，按10∶1的比例确定长方形的长为15厘米，宽为1厘米，再用直尺、三角板画出标准的长方形。经过和打印社工作人员的沟通，我们看到了制作后的效果图，打印出来就可以粘贴标语了。整个过程虽然烦琐，但看到成品后我们心里乐开了花，迫不及待地要和大家分享我们的成果。欢迎大家来参观！

（二）教师反思

1. 项目启动反思

我们一直在强调学生真实学习的发生，这就需要将学习建立在真实情境的基础上。假如我们是校园设计师，应给学生提供一个真实情境，激发学生的学习兴趣。比如，设计楼梯台阶标语这个任务学生是可以接受的；学生的知识能力水平是可以支持问题解决的，而且解决策略具有探索性和开放性。因此将驱动问题设计为"如何设计大家喜爱的楼梯台阶标语"，让学生在自主探索和实际操作中围绕驱动问题不断质疑、反思，层层推进，助力项目的实施。

2. 项目执行反思

项目式学习虽然是以学生为中心的教学方法，但依然离不开教师的专业指导和有针对性的建议。教师要预设学生在活动中可能遇到的知识盲区，提供一定的理论指导，既包括学科知识，也包括合作学习的方法、解决问题的策略等。学生在研究过程中可能会遇到一些问题、困难。教师可以提供一些学习支架，包括各种方案、表单、可利用的工具、反思整理的形式等，以促进项目式学习顺利完成。因此教师要清楚自己的定位，通过支持、建议和指导来帮助学生更好地开展项目式学习。

3. 项目结束反思

在项目式学习过程中，学生能最大限度地发挥主观能动性，有机会主动提出问题、搜寻信息、总结方法、解决问题；有机会得到其他小组或组员的建议并做出调整与修改；有机会在对比中反思自己的项目计划、实施路径、研究方法等；有机会将取得的成果在班级介绍，向公众展示。这些都是项目式学习带给学生的挑战，当然更多是让学生感受到了成就与喜悦。教师作为引导者，致力于围绕活动目标优化活动方案，制订活动计划，并提供反馈与评估；鼓励学生进行探索和思考，重点关注学生在解决问题的过程中表现出来的技巧和能力。

项目式学习缩短了课本和生活的距离，让真实学习自然发生。学生在解决真实问题过程中的积极性、主动性、创造性都得到了最大限度的发挥，形成了可迁移的思维方式，真正感受到了学习的价值。

【专家点评】

该项目式学习共历时 4 周，时间虽短，但收获颇多，影响深远。在学习过程中，分解驱动问题合理，分工明确。学生能有序合作、主动完成任务，经历调查、设计、观察、思考、表达、迁移运用等学习过程，增强了认识真实世界、解决真实问题的能力，提升了核心素养。教师发挥了积极引导作用，充分尊重学生的意见，引导学生明确所需知识与技能，提出相应的学习任务，确定学习活动形式，明确学习成果的形式和要求；设计规划项目进程，不断鼓励学生参与活动，并对取得的成绩给予反馈，真正实现了师生的共同成长。

课例五 重庆小面来一"碗"

一、项目概述

2015年,重庆市第一次举办重庆小面文化节,关注各种面的味、色、形的打造和制作技能创新。政府、文旅局及重庆市小面协会期望之后能设计适用并独具创新的面碗,更好地推广重庆美食——小面。在经历对家乡小面的调查和观看小面协会会长的倡议后,教师引导学生思考。针对碗的形状结合数学教材中的圆柱、圆锥,教师让学生体会设计思维,在探究创新的同时,运用数学及相关学科的知识解决现实生活中的问题。在历时6周的项目式学习中,学生经历调查和确定驱动问题、项目启动和合作分工、创新设计和探究知识、解决问题和产生成果、成果展示和回顾反思五个阶段。项目式学习培养学生的合作探究能力、发现问题并解决问题的能力,同时促进学生深度学习和创新意识等核心素养的发展。表 3-34 为项目概述。

表 3-34 项目概述

项目名称	重庆小面来一"碗"
学生年龄段	六年级
涉及学科	数学、艺术、信息技术
成果展示方式	小面碗作品发布及推广
学校	重庆市渝中区中华路小学
指导教师	周丽、操问、袁丽
设计团队	周丽、操问、袁丽、王晓琰、陈洋、许佳

二、项目目标

表 3-35 为项目目标。

表 3-35 项目目标

学业发展目标	数学学科	1. 结合生活实际,知道有的问题应先做调查研究,收集数据,感悟数据蕴含的信息;通过分析探索并认识圆柱和圆锥,掌握它们的基本特征;认识圆柱的底面、侧面和高;认识圆锥的底面和高 2. 探索并掌握圆柱的侧面积、表面积的计算方法,以及圆柱、圆锥体积的计算公式,发展推理意识,会解决实际问题

续表

学业发展目标		3. 通过观察、设计和制作模型活动，了解平面图形与立体图形之间的联系，发展空间观念，培养创新意识 4. 在驱动问题下，经历发现问题、提出问题、分析问题，提出设计思路、制定简单方案，综合运用知识技能解决问题的过程
	艺术学科	1. 了解设计所需各种材料的特征，通过制作知道陶泥、黏土、纸等材料背后的文化内涵 2. 了解文旅产品中家乡元素如何展现并能进行设计运用 3. 获得使用艺术方式表现和美化物品的能力；学会用艺术来交流和表达情感
素养发展目标	真实合作解决问题	1. 实地调研市面上常见的面碗，查阅相关资料，对面碗的设计与制作形成整体的了解与感知；建立与维持共同的理解，创建任务清单，共同制订目标与计划，建立小组公约，培养责任意识 2. 在具体情境中提出问题，会用数学的眼光观察生活中的几何立体图形；在设计及制作中学习必要的知识，发现解决问题所需的合作交互方式，发展逻辑思考、深度探究能力 3. 将学科与艺术、信息技术相结合，设计并制作带有文旅特色的面碗，发展创造性思维，培养创意表达能力
	有效沟通	1. 有效表达想法，并能使用相关证据支撑自己的观点 2. 学会换位思考，倾听、理解他人的想法，会根据具体情境选择不同的沟通内容与方式，进行反思与反馈
	技术运用	1. 了解信息学习资源的获取渠道，并对获取的信息进行适当处理 2. 了解物体的三维结构，学会使用3D软件建立模型，通过3D打印呈现学习成果，提升信息技术运用能力

三、项目驱动问题

表 3-36 和表 3-37 分别为核心驱动问题与分解驱动问题。

表 3-36 核心驱动问题

核心驱动问题	项目成果	总时长
如何为重庆小面文化节设计制作适用且具文旅特色的面碗	制作出带有文旅特色的面碗	6 周

表 3-37　分解驱动问题

分解驱动问题	主任务	主产品	时长
如何设计带有文旅特色的面碗	1. 探究生活中的碗，提出设计制作带文旅特色的面碗 2. 思考核心知识，探究学习图形的特征及相关知识，能解决实际问题 3. 画出设计图	1. 利用核心知识学习评价表进行阶段学习反馈 2. 制作小组面碗设计图	3周
如何根据设计方案制作面碗模型	1. 根据小组设计图，选择适当的材料，结合艺术、信息技术延伸学习相关知识和技能 2. 由专业人士指导动手制作	1. 动手制作产品 2. 完成阶段性评价	2周
如何展示并推广成果	准备成果展示	1. 各组整理项目实施过程中遇到的问题、解决的方案和成果，制作形成小组展示汇报稿 2. 完成总结性评价	1周

四、项目式学习实施过程

（一）入项活动

问题：如何宣传重庆小面

持续时间：4 天

教学活动：

①激发兴趣，引出项目。

组织观看两个短片《重庆美食》《重庆市小面协会会长的采访》，采访中向大家发出邀请——开发小面的文旅产品。

②调查分析，选择项目。

③头脑风暴，找到研究点。

④社会调查，确定项目。

第一，实践调查，填写重庆小面社会调查表(见表 3-38)。

表 3-38　重庆小面社会调查表

班级小组				调查时间、地点		
调查方式						
调查记录	序号	调查对象	性别	年龄	调查内容反馈	
调查中发现的问题						
调查结论						

第二，反馈交流，整理并分析有效信息。

第三，得出结果，确定项目，宣布入项。

⑤团建公约，项目分工。

第一，学生自己组建学习小组。每组成员建议至少有4人，最多有5人。

第二，教师提供小组合作公约。学习小组商议拟定学习期间的规章制度，建立小组公约，培养集体责任意识。教师巡视并对学生进行指导。

第三，小组成员签订小组合作公约。小组成员分工，明确自己的职责，填写任务进程表(见表3-39)。

表 3-39　任务进程表

项目任务			
小组成员			
任务	负责人	完成时间	完成情况(完成打√)
项目选题与设计			
知识探究与学习			
项目实施与完成			
总结与评价			

设计思路：借助短片激发探究兴趣，实地调研市面上常见的面碗，查阅重庆文化的相关资料，讨论并进行社会实践调查。分析调查情况，整理完成调查，增进对

项目了解的同时，锁定最终项目内容——设计面碗。小组合作公约的拟定和签订使入项活动具有较强的仪式感。学生在此过程中形成数据意识、锻炼有效沟通能力、增强学习责任感。

相关资源：重庆美食宣传短片、现场采访重庆市小面协会会长的短视频、关于重庆小面的社会调查表、小组合作公约及小组任务单。

（二）分解驱动问题 1

问题：如何设计带有文旅特色的面碗

持续时间：3 周

教学活动：

1. 分享交流资料

①课前观看微课"中国碗文化"，收集关于"碗"的相关资料。

②将自己课前收集的关于"碗"的相关资料在全班进行分享交流。

2. 思考核心知识

①组内讨论、商议，绘制面碗图，初步形成小组设计方案。表 3-40 和表 3-41 分别为小组设计方案表和操作流程记录表。

表 3-40　小组设计方案表

项目名称			日期	
小组成员				
项目内容（关键词）				
小组设计方案		主要内容		可能遇到的困难
	核心知识			
	设计方案			
	如何解释验证方案			
其他补充				

表 3-41　操作流程记录表

小组及成员：

操作流程及要点	遇到的问题及解决方法

②重点关注问题：设计的碗是什么图形的？认识这种图形吗？如果不认识，打算怎么办？

③小组交流如何解读自己的设计，重点解决："碗"是一个独立的图形还是组合图形？分别是什么图形？怎么得到这个图形？

④回顾立体图形的学习内容及方法，探究学习圆柱、圆锥的特征，会计算表面积和体积，能解决生活中的问题；根据每碗小面的分量，结合小组设计图正确标注适当的相关数据，能按照一定比例缩小设计图。

3. 专家指点设计

邀请艺术教师进行现场指导，引导学生了解文旅元素，学会设计和运用。

4. 细化小组设计方案及进程安排

学生修改调整小组设计方案及进程安排；教师提出项目式学习活动的注意事宜：有用证据支撑观点的意识，对事实、信息和论点有独立的判断与评估。

设计思路：学生通过收集资料、自主学习微课，学会在复杂的信息中分析、整理有效信息，发现问题、提出问题，发展批判性思维。学生在探究学习中理解图形的特征，会算、会用、会区别差异并习得立体图形的学习方法，能全面准确地认识立体图形；能解决实际相关问题，结合核心知识评价表反馈学习探究状况，学会建模。学生在分享交流中强化有效沟通能力，在设计文旅作品中培养创新能力。

相关资源：微课"中国碗文化"以及小组设计方案、项目进程单。

（三）分解驱动问题 2

问题：如何根据设计方案制作面碗模型

持续时间：2 周

教学活动：

1. 初步制作面碗模型

①小组讨论制作面碗模型的材料，分成超轻黏土组、陶艺组、3D 打印组认领任务。

②小组合作制作面碗的雏形，专业教师提供指导辅助。

③记录制作过程中遇到的问题和解决方法，进行阶段性反思。表 3-42 为制作过程记录表。

表 3-42　制作过程记录表

小组及成员：

制作过程及要点	遇到的问题及解决方法

2. 美化面碗模型

结合重庆文化元素，学生在教师的指导下对面碗进行美化加工。

设计思路：学生分组选择不同材料，根据面碗设计方案制作模型，在合作过程中不断发现问题，进行反思并跟进调整；齐心协力解决问题，不断对面碗模型进行迭代升级。通过这样的学习过程，小组成员的动手操作能力得到锻炼和提升，发展了创造性思维和创意表达能力。

相关资源：超轻黏土、陶泥、3D 软件、3D 打印机等，制作过程记录表。

（四）分解驱动问题 3

问题：如何展示并推广成果

持续时间：1 周

教学活动：

1. 初步形成展示汇报稿

①小组分工，整理需要展示汇报的内容。

②形成展示汇报稿。

2. 完善展示汇报稿

①根据组内人员提出的建议进行修改。

②进行重点指导，突出优势，增强完整性和逻辑性，关注数学在实际项目中的学习与运用。

③小组成员分工明确，各自汇报任务。

3. 完成展示

①在全班展示汇报。

②其他小组提问，本小组成员答辩。

③邀请专业人士点评，向小面协会推荐优秀作品。

④完成总结性评价。

设计思路：教师应给予学生展示的空间，让学生分享自己的成果，获得学习成功感。学生在展示过程中锻炼清晰解释与回应质疑的能力，有效倾听与理解他人的良好品质。学生可以在项目总结中学习如何完整且有逻辑地解决问题，获得持续学习与自我发展能力。

相关资源：展示汇报稿、总结性评价单。

五、项目式学习评价方案

表 3-43 为项目式学习评价方案。表 3-44 至表 3-46 分别为成果展示互评表、成果展示评价表和核心知识学习评价表。

表 3-43　项目式学习评价方案

主要产品或表现	素养目标	证据	评价方式	评价时机
调查表	1. 能用统计相关知识将所调查的信息分类进行统计、汇总 2. 发现信息中蕴含的问题并梳理得出结论	调查表内容齐全，问题和结论有针对性	1. 评价表 2. 教师及时反馈	形成性评价
设计方案	1. 结合具体情境，认识并理解圆柱、圆锥的特征；探索并掌握圆柱、圆锥的体积和表面积的计算方法；自主探究认识圆台，并能解决简单的实际问题 2. 能用设计纸按一定的比例将作品缩小	设计方案数据准确，比例正确，有文旅特色，具有可操作性	1. 教师及时反馈并指导 2. 评选出优秀设计方案	形成性评价

续表

主要产品或表现	素养目标	证据	评价方式	评价时机
带有文旅特色的面碗	1. 通过为家乡美食小面设计面碗，讨论设计文旅元素等；体会文旅产品的设计思路，感受数学与生活的联系 2. 在给定目标下，感受针对具体问题提出设计思路、制定简单的方案解决问题的过程	面碗具有较高完整度、适用性、文旅特色	1. 评价表 2. 优秀文旅作品面碗评选	形成性评价、总结性评价
展示汇报稿	1. 能运用信息技术将项目的实施过程完整记录下来 2. 能将本组的优势进行准确、清晰的介绍 3. 在交流过程中，语言简洁，逻辑清晰，重点突出	展示汇报稿制作完整，能记录项目实施的全过程，突出小组优势且美观	1. 评价表 2. 教师及时反馈	形成性评价、总结性评价

表 3-44 成果展示互评表

组名：

评价内容	评价标准			评分
	好	较好	一般	
展示小组成员的精神面貌（20分）	全组成员展示交流时非常热情，声音洪亮，表情愉悦（17~20分）	全组成员展示交流时有热情，声音较洪亮，表情较愉悦（13~16分）	全组成员展示交流时声音较洪亮，表情不够愉悦（8~12分）	
项目的完成度（40分）	在本组作品展示中，设计图完整，比例和数据正确，且能标注关键数据，容易解读；调研报告内容完整，有逻辑性；面碗实用、有创意且有美感；展示汇报稿内容完整，简洁且能突出关键点（36~40分）	在本组作品展示中，设计图完整，比例适当；调研报告格式正确，内容完整；面碗实用、有创意；展示汇报稿内容完整（30~35分）	在本组作品展示中，设计图数据虽完整但比例失当；调研报告还有须补充的地方；面碗实用；展示汇报稿还可以补充数据以支持项目实施（25~29分）	

续表

评价内容	评价标准			评分
	好	较好	一般	
展示的完整度（30分）	创作过程中全员参与，作品展示、反思内容详细充分(28～30分)	创作过程中全员有分工，作品展示、反思等有小部分内容不充分(23～27分)	创作过程中全员有分工，作品展示、反思等有多部分内容不充分(18～22分)	
展示的条理性（10分）	展示过程中小组成员分工明确，展示内容顺序合理(8～10分)	展示过程中展示顺序有小部分不太合理，但对展示效果的影响较小，小组分工较明确(6～7分)	展示过程中展示顺序有问题，小组分工不明确，影响展示效果(4～5分)	

表 3-45 成果展示评价表

组别	内容	汇报交流	倾听	互动	创新
	主题明确，设计合理、有创意特色，可操作性强	观点阐述明确、重点突出；汇报条理清晰，语言简洁；声音洪亮、大方得体	认真倾听；做好记录；及时反馈评价	主动发表个人的建议；能解答他人的问题；互动有礼，沟通有效；小组成员相互配合；按时完成组内个人任务	设计有文旅特色；有创新且美观
1	☆☆☆☆☆	☆☆☆☆☆	☆☆☆☆☆	☆☆☆☆☆	☆☆☆☆☆
2	☆☆☆☆☆	☆☆☆☆☆	☆☆☆☆☆	☆☆☆☆☆	☆☆☆☆☆
3	☆☆☆☆☆	☆☆☆☆☆	☆☆☆☆☆	☆☆☆☆☆	☆☆☆☆☆
4	☆☆☆☆☆	☆☆☆☆☆	☆☆☆☆☆	☆☆☆☆☆	☆☆☆☆☆
5	☆☆☆☆☆	☆☆☆☆☆	☆☆☆☆☆	☆☆☆☆☆	☆☆☆☆☆

表 3-46 核心知识学习评价表

姓名： 班级： 日期：

评估维度		具体描述
水平1	已掌握	图形的性质特征	□清楚展开图 □清楚图形的高和底 □会计算图形的表面积、体积

续表

评估维度		具体描述	
水平2	能关联	图形内部间及图形与图形间的关系	□清楚图形的大小与圆半径和高有关
			□清楚等底、等高的圆柱和圆锥之间的关系
水平3	能应用	判断表面积	制作茶叶筒需要多大的锡质材料，制作茶叶筒需要多大的花纹包装纸 请解释这两个问题的区别：
水平4	能解释	图形内部的关联	观点：一张长方形纸围成的圆柱有大有小，有高有矮 请阐明观点：
水平5	能延伸	超越课本的知识	□探究圆锥的表面积计算方法	举例说明
			□类推圆台的体积计算方法	
			□其他	
综合评价		□优　□良　□合格　□不合格	
改进措施			

六、项目实施的关键性课例

表3-47为项目实施的关键性课例。

表3-47　项目实施的关键性课例

入项活动	
驱动问题	如何设计带有文旅特色的面碗
学习目标	1. 利用调查、收集、分析网络信息及社会实践调查，使学生亲身经历项目问题的产生过程，激发学生的兴趣与探究欲，培养学生的信息获取与处理能力 2. 明确研究主题，使学生自主尝试利用社会资源等途径进行文旅、设计两方面内容的相关学习，养成独立学习、独立思考、主动关联及提出问题的学习品质 3. 引导学生分组制定解决方案，针对调查提出入项驱动问题，团建公约，项目分工，培养学生的合作交流和沟通、倾听、组织能力以及自主开展自我及同伴评价的习惯，为未来社会发展提供合作素养 4. 明确核心问题是关于"碗"的立体图形的探究与学习，引导学生讨论完成任务进程，感受生活与数学的紧密联系，发展学生的逻辑推理能力

续表

学习重难点	学习重点：从重庆小面馆的相关调查资料中提取感兴趣的数学问题，确定项目核心主体——设计带有文旅特色的面碗；完成调查 学习难点：针对调查，得出结果，确定项目
学情分析	本节课的授课对象为六年级学生；学生思维活跃，想象力丰富，具备一定综合解决问题的能力，对现实世界充满好奇心 项目的启动阶段正是重庆旅游迎来高峰的时节，可以引发学生主动探索、调查分析的兴趣 收集分析面碗时，虽然学生具有一定利用已有图形知识发现其造型相似性的能力，但识别非标准立体图形以及将数学知识应用于解决生活问题的能力仍旧有限

教学过程

学习任务	学生活动	教师组织	学业要求	设计意图
结合重庆旅游情景，聚焦"重庆小面"，调查分析，确定项目	1. 学生利用朝会观看家乡重庆宣传短片，引出重庆美食小面以及重庆小面本土文化并完成分组；利用课余和周末分组时间真实地参与实地走访、问询了解、观察统计等社会实践活动，完成调查 2. 学生利用班会分享、讨论、汇总之前的调查情况，提出驱动问题解决的可能性 3. 学生观看小面协会采访，利用课余时间自主通过社会资源进行专题拓展学习，获得丰富的文旅产品相关知识并组内交流	1. 校内组织学生观看视频，激发学习兴趣；指导学生学习社会实践及记录分析的方法，在学生了解重庆小面的特色与制约问题，完成调查后，重点关注调查表中发现的问题和调查结论，为入项做铺垫 2. 组织学生分享交流调查情况，指导学生分析处理信息，汇总、提炼、集中学生提出的问题 3. 引导学生获取文旅知识资源及了解相关的获取方法	1. 具有调查收集数据的能力，感悟数据蕴含的信息，能整理并分析信息，提出问题，得出结论 2. 能有效表达，认真倾听，主动发现问题并提出问题 3. 运用其他学科知识与方法获取信息，形成运用意识	让学生讨论并进行社会实践调查，分析调查情况，完成调查；增进对项目了解的同时锁定最终项目内容；让学生亲身经历项目问题真实产生的过程
宣布入项，团建组织，建立小组公约	1. 学生明确项目任务、宣布入项 2. 学习小组商议学习期间的规章制度，拟定小组公约	1. 引导学生做好课前准备 2. 指导学生形成公约并签订公约	学生有合作交流、自主开展自我及同伴评价的习惯，具有责任感	让学生在此过程中锻炼有效沟通能力，增强合作意识

续表

学习任务	学生活动	教师组织	学业要求	设计意图
思考核心知识，初步拟定小组任务进程	1. 学生积极思考面碗设计制作要考虑哪些方面；面碗有哪些形状；如何将面碗设计制作的探究与数学学习相结合 2. 学生积极举手发言交流 3. 小组再次明确项目任务，组内商量、初步拟定项目流程，填写任务进程表	1. 整理归纳，引导学生由易到难地思考问题；哪些问题可以归为一类；将这些问题由易到难地排序，应该先去解决哪些问题 2. 综合问题，通过归纳图形的特征，紧扣项目与教材相关的学习内容 3. 深入分析每组学生的任务流程讨论，引导学生找出探究思路并明确小组探究重点 引导学生发现问题、提出问题：要完成这个任务应该做些什么；需要解决哪些问题；解决问题的顺序如何	1. 独立思考，简明扼要表达；主动将所学与数学知识相联系 2. 整理解决问题的思路，拟定完整、有逻辑的任务进程	促进学生发现问题、提出问题，发展学生的批判性思维；创建任务进程表，促进学生完整且有逻辑地进行问题研究

七、项目反思

（一）学生反思

1. 项目执行反思

一组：如何为重庆市小面文化节设计制作适用且带有文旅特色的面碗？难道我们真的可以做一个"碗"出来吗？"碗"又和我们之前学习的立体图形有怎样的关系呢？一开始，我们就对这个项目产生了浓厚的兴趣，产生了强烈的探究欲望。我们小组建立公约、拟定进程。从最初的社会调查提出问题到深入探究创设方案，我们经历了从刚开始的一无所知和一筹莫展到现在的目标明确、方案清晰。我们全身心投入，渐入佳境。在探究学习中，我们理解图形的特征，会算、会用、会区别差异并习得立体图形的学习方法，更加全面准确地认识立体图形。我们希望之后能设计适用并独具创新的面碗，更好地推广重庆美食——小面。

四组：我们从来不知道可以这样学习圆柱、圆锥，这种学习方式真的是太有趣了。我们利用学习图形的方法和经验，独立思考、合作探究了圆柱、圆锥的体积和表面积的计算方法。难以置信的是，我们通过自己的猜想与实践，知道了圆台的体积和表面积的计算方法。这一切太棒了，让我们终生难忘。

2. 项目结束反思

三组：记忆犹新的是我们小组选择面碗材料时的情景。老师说可以分组选择不同材料，根据面碗设计方案制作模型。我们没有选择得心应手的超轻黏土，也没有选择陶泥，而是不约而同地选择3D打印。在整个过程中，我们不断发现问题，进行反思并跟进调整，齐心协力解决问题，不断对面碗模型进行迭代升级。看到我们小组制作的面碗呈现在眼前，那种成就感油然而生！

七组：从最初的调查探讨、期间的设计制作，直至最终的成果形成，我们每一个人都是第一责任人。在项目开展的整个过程中，每个环节都以我们为中心，操作者都是我们自己。虽然在分组调查分析、设计制作、总结汇报中大家各有意见，也争论过、发生过矛盾，但是大家最终都在项目目标驱动下不断交流沟通而达成一致意见。老师一直在身边默默地支持、指导、协助着我们。尽管项目结束了，但我们仍沉浸其中。我们喜欢这样的学习方式。

（二）教师反思

1. 项目启动反思

自进入项目启动阶段，学生能积极进行调查，并将调查的各种情况进行汇总、分析，在教师的指导下完成调查。教师帮助学生梳理发现问题，指导学生探讨、思考，通过创新设计带有文旅特色的面碗产品来推进家乡宣传。活动中学生能主动将自己的想法表达出来，并能将自己的想法记录在纸上。不过在收集信息中有学生的思维过于发散，导致信息散乱，不能较好分析和集中研究点。也有学生不能很好地倾听他人的意见，坚持自己的想法。在这种情况下，教师一定要有预见能力，并能发挥好引导作用，帮助学生归纳集中研究思路，有效沟通交流。

2. 项目执行反思

在调查选材、耗材所需花费中，学生充分利用学过的知识方法进行探究。关注学生在立体图形学习中对图形特征的认识与理解，对图形的表面积、体积的计算，关注如何在活动中自然渗透学科知识的学习方法，帮助学生总结提炼是教师应该发挥的作用。每个组长都能在教师的指导下安排自己小组成员的分工。教师引导组长根据成员的学习及综合能力分工，做到人人有事做，人人经过努力都能完成自己的任务，并能在这个过程中观察学习他人好的方法，发挥小组探究的内驱力。项目式学习能让学生打开学习眼界，将数学知识与生活紧密联系；打开学生的想象空间，让他们乐于想，敢于思考创新，做他们想做的事情，在实践活动中提升学科知识运用能力和学科素养。

3. 项目结束反思

在项目式学习中，学生从真实情境出发，通过数学、艺术、信息技术等学科教师的指导，发现各科的学习不是单一的。学生在实际活动中不断萌生新想法，感悟知识的综合运用，感受知识间的联系和所学知识的价值。同时教师给予学生很大的自主学习空间，让学生发现在小组学习中要吸取别人的长处，弥补自己的不足，才能更好地持续思考和探究解决一个较复杂的问题，最终形成项目成果。

项目式学习活动的设计首先要考虑到它是否具有一定的挑战性。一个具有挑战性的项目式学习活动必定会给学生带来这样或者那样的问题，学生要在头脑风暴和平时的学习积累中寻找解决问题的办法。项目式学习需要教师深入思考将哪些知识自然地与项目活动有效结合、怎样结合，如何设计、实施。教师只要心中关注学科素养发展，合理打破学科间的壁垒，关注学生的长远发展，就一定能在这样充满合作、探究、创新、实践的项目活动中帮助学生获得除学科知识技能之外更好、更持久的未来素养发展。

【专家点评】

该项目式学习通过让学生自主设计带有文旅特色的面碗这一实际活动，让学生在实践中感受空间形态，将理论知识与实际操作相结合，促进学生对立体图形的探究，使学生的知识实际应用及综合能力都得以发展。首先，项目与几何知识紧密相关，并利用真实、有意义的情境，激发学生的探究欲望。项目的难度适中，既适合学生的年龄和认知水平，又能引起学生的学习兴趣。其次，教师坚持扮演引导者的角色，鼓励学生自主探究、动手实践。例如，教师让学生自己设计并制作三维几何模型，通过观察、动手实践来深入理解空间形态的特点。项目完成后，教师及时进行了多维度的反思和评价。教师不仅关注了学生对立体几何知识的掌握程度，还评估了他们的合作能力、问题解决能力等综合素养。

课例六 营养午餐

一、项目概述

围绕营养午餐主题,我们提出本项目式学习的驱动问题,通过分解驱动问题引导学生思考和实践如何改进学校的营养午餐。通过 4 周的项目式学习,学生用数学的眼光观察身边的事物,综合运用简单的排列组合、统计等相关知识,设计一份学生喜欢的营养午餐食谱,在解决问题中体会数学在日常生活中的应用价值,形成问题意识、应用意识和创新意识;理解荤素搭配的真正含义,对营养午餐的认识从感性上升到理性,从而克服偏食、挑食的不良习惯,感受合理膳食的重要性,养成科学饮食的习惯。表 3-48 为项目概述。

表 3-48 项目概述

项目名称	营养午餐
学生年龄段	六年级
涉及学科	数学、科学、美术、语文、信息技术、劳动
成果展示方式	最受欢迎营养午餐食谱评选活动
学校	贵阳市第一实验小学
指导教师	汤艳
设计团队	宋雪梅、黄云龙、李亚林、梁柳明、陈建

二、项目目标

表 3-49 为项目目标。

表 3-49 项目目标

学业发展目标	数学学科	1. 在对人体营养需求和食物营养物质的调查研究中,进一步理解百分数的意义,能够绘制简单的统计图表;会用图表进行记录、统计、分析,根据数据做出简单的判断与预测,感受统计的应用价值,初步形成数据分析观念 2. 了解一周的营养午餐食谱,感悟在实际情境中方案的形成过程,形成重视调查研究、合理设计规划的科学态度 3. 体会数学在日常生活中的应用价值,增强应用意识

续表

学业发展目标	科学学科	1. 利用收集、查阅资料、交流等获取信息，丰富对食物中的营养成分、营养类别等知识的认识 2. 知道食物为人们提供六种营养成分以及对身体的重要作用，了解合理安排饮食的重要性
	语文学科	1. 利用项目研究促进表达与交流 2. 学会撰写报告，能够写清楚自己的观点和思考
	劳动学科	掌握食物烹饪的方法和技能
素养发展目标	真实合作解决问题	1. 能够共同制订团队目标和计划，与团队成员分工合作解决问题 2. 能够尊重、欣赏自己的团队成员
	同理心	1. 能够从就餐学生需求的角度设计营养午餐食谱 2. 在团队合作中能够理解、帮助自己的同伴
	有效沟通	1. 在团队合作交流中能够流畅、清楚、有条理地表达自己的想法和观点 2. 利用报告的撰写能够说明自己的观点和思考

三、项目驱动问题

表 3-50 和表 3-51 分别为核心驱动问题和分解驱动问题。

表 3-50 核心驱动问题

核心驱动问题	项目成果	总时长
如何设计学生喜欢的营养午餐	视频介绍、手抄报、海报、营养午餐一周食谱及营养分析报告	25 天

表 3-51 分解驱动问题

分解驱动问题	主任务	主产品	时长
学校午餐是否符合营养午餐的标准	1. 调查学校一周的营养午餐情况 2. 确定学校午餐的营养成分及营养标准	1. 自行分组、明确分工、完成调查任务 2. 撰写学校一周营养午餐的调查分析报告	7 天
如何设计成本 15 元且学生喜欢的营养午餐	1. 了解学生的午餐需求 2. 市场调研了解食材价格 3. 尝试搭配一日营养午餐	1. 小组合作，调查学生的午餐需求，撰写学生需求分析报告 2. 结合市场调研了解食材价格，控制成本，填写调研报告单 3. 搭配设计成本 15 元的一日营养午餐食谱并撰写营养分析报告 4. 分享阶段成果，填写评价表	8 天

续表

分解驱动问题	主任务	主产品	时长
设计的营养午餐是否符合营养标准	1. 合作设计一周的营养午餐食谱 2. 开展营养分析 3. 对比营养标准，调整设计成果	1. 团队合作设计一周的营养午餐食谱 2. 开展营养分析，运用数据检验营养标准；调整设计；形成最终食谱设计 3. 根据设计撰写营养分析报告	5天
如何呈现所设计的营养午餐	确定成果呈现形式，参加营养午餐评选活动，反馈总结交流	1. 以小组为单位设计营养午餐的呈现方式 2. 参与营养午餐评选活动，汇报交流团队成果	5天

四、项目式学习实施过程

（一）入项活动

问题：怎样设计学生喜欢的营养午餐

持续时间：1天

教学活动：

①每天午餐有多少剩饭、剩菜？如何杜绝浪费，实施光盘行动？

②为了减少食物浪费，你能为学校食堂设计一份学生喜欢的营养午餐食谱吗？

（二）分解驱动问题1

问题：学校午餐是否符合营养午餐的标准

持续时间：7天

教学活动：

1. 启动项目

①观看《舌尖上的中国》，了解美食。

②结合视频学习美食中的营养物质及作用。

③学习儿童青少年的健康饮食知识。

④提出问题：学校午餐是否符合营养午餐标准？引导学生讨论如何解决这个问题，寻找解决问题的思路，明确活动任务。

2. 成立项目小组

①成立小组，形成团队文化。

②拟定活动方案，明确小组分工。

③筹备设计调研，开展调研活动。

3. 调查收集资料

①调查收集一周的学校午餐营养情况的数据。

②统计分析学校午餐的营养情况的数据。

③收集数据确定学校午餐的营养标准。

④运用数据对比分析得出结论。

4. 撰写调查报告

①小组合作分工，撰写调查报告。

②分析交流成果，进行反馈评价。

设计思路：教师应让学生经历开展实际调查、统计分析、确定标准、得出结论的过程。教师应引导学生完整地经历统计的过程，在对人体营养需求和食物营养物质的调查研究中，进一步体会理解百分数的意义；会用扇形统计图整理调查结果，分析如何实现营养均衡，感悟设计调查方案的重要性。

相关资源：入项的调查记录表，营养分析单及学习单，收集、整理、分析数据形成的学校午餐营养分析报告。

（三）分解驱动问题 2

问题：如何设计成本 15 元且学生喜欢的营养午餐

持续时间：8 天

教学活动：

1. 调查学生的午餐需求

①设计问卷，调查学生的午餐需求。

②收集数据，整理分析学生的午餐需求。

③根据学生的午餐需求，确定备选食材。

2. 市场调研了解价格

①小组讨论如何控制成本。

②拟定市场调研方案，合作设计调研记录单。

③开展市场调研，了解食材价格。

④填写调研记录单。

3. 午餐食谱初设计

①整理调研结果，控制成本，尝试搭配。

②设计一日的午餐食谱。

③撰写食谱介绍和分析报告。

4. 汇报交流个人成果

①开展团队分享会，分享个人成果。

②团队合作学习，完成阶段评价。

设计思路：教师通过了解学生的需求，结合数据分析，确定学生喜欢的食材，开展市场调研，控制成本，尝试设计；让学生以课内结合课外、校内结合校外等方式进行调研，调动学生的自主性，解决真实的问题。

相关资源：学生午餐需求调查问卷及分析报告，市场调研方案、图片及记录单，个人设计食谱及报告。

（四）分解驱动问题 3

问题：设计的营养午餐是否符合营养标准

持续时间：5 天

教学活动：

1. 团队协商，设计一周的营养午餐食谱

①汇总个人成果，团队合作设计一周的营养午餐食谱。

②综合运用知识，分析所设计营养午餐食谱的优缺点。

2. 围绕设计，结合数据开展营养分析

①分配膳食宝塔，提出饮食建议。

②围绕营养分析，核对营养标准。

③均衡膳食搭配，调整食谱设计。

④确定最终食谱，撰写分析报告。

设计思路：团队协作动手实践操作，共享资源和观点，凝聚团队智慧，提出修改建议，设计一周的营养午餐食谱。教师指导答疑，引导学生借助图表等方式收集、整理、分析数据，利用数据合理搭配营养午餐，感受均衡营养、合理膳食的重要性。

相关资源：一周营养午餐食谱设计及分析报告。

（五）分解驱动问题 4

问题：如何呈现所设计的营养午餐

持续时间：5 天

教学活动：

1. 团队合作，确定营养午餐的呈现方式

①团队研讨交流，确定呈现方式(如视频讲解、手抄报、研究报告等)。

②根据呈现方式，团队分工协作，完成最终设计。

③开展组内自评，优化设计成果。

2. 通过评比，确定最优设计
①制定评比方案和评比量规。
②开展最受欢迎营养午餐评选活动。
③评比打分确定最受欢迎营养午餐。
3. 游园项目展示，分享团队设计
①筹备游园项目展示活动。
②开展游园项目展示活动，分享团队成果。

设计思路：教师应让学生自主设计成果的呈现方式，通过评选和游园展示活动提升学生学习的内驱力，促进团队协作。不同小组从不同的角度努力完善和反思成果，通过展示获取不同的学习体验。

相关资源：团队成果(如视频介绍、手抄报、研究报告)，营养午餐评比方案和量规，展示的图片和资料。

五、项目式学习评价方案

表3-52为项目式学习评价方案。表3-53为成果设计评价表。表3-54为营养午餐评选活动评价表。

表3-52 项目式学习评价方案

主要产品或表现	素养目标	证据	评价方式	评价时机
学校午餐调查报告	数据意识、应用意识	研究报告项目齐全，格式正确，观点明确，逻辑清楚，思路清晰，表达流畅	1. 评价表 2. 教师及时反馈	形成性评价
个人一日营养午餐设计成果	科学观念、同理心	食谱搭配丰富、科学，符合营养标准；营养分析内容完整，有理有据；成本符合标准，考虑到学生的午餐需求	1. 评价表 2. 教师及时反馈 3. 小组反馈	形成性评价
团队一周营养午餐设计成果	有效沟通、真实合作、解决问题	团队有设计理念，呈现方式合理；食谱书写工整，营养均衡，搭配合理	1. 评价表 2. 教师及时反馈	形成性评价、总结性评价
项目成果评比展示活动	表达交流的能力、创新意识	呈现方式和内容设计合理，展示效果好；成果介绍流程感染力强	1. 评价表 2. 教师及时反馈	形成性评价、总结性评价

表 3-53　成果设计评价表

项目	评价标准	根据实际达到的标准打分		
		自评	互评	师评
食谱书写	书写简单、有遗漏(1分)			
	书写清楚详细(2分)			
	书写清晰详细、有思考,菜名有创意(3分)			
设计理念	设计很随意(1分)			
	设计考虑到学生的需求,并根据需求设计(2分)			
	食谱设计理念突出(3分)			
营养均衡	符合膳食宝塔两个层次的营养成分(1分)			
	符合膳食宝塔三个层次的营养成分(2分)			
	符合膳食宝塔全部层次的成分,并有自己的创新想法(3分)			
搭配设计	搭配随意,色泽单一(1分)			
	荤素、色泽搭配合理(2分)			
	荤素、色泽搭配多样、美观、有创意(3分)			
成本控制	13～15元(1分)			
	11～13元(2分)			
	11元以下(3分)			

表 3-54　营养午餐评选活动评价表

组别	设计思路	食谱营养	食谱搭配	团队合作	汇报讲解	现场互动	创新之处
	主题明确,设计合理,思路清晰	能结合数据分析食谱营养	荤素、色泽搭配合理、多样、美观	成果凝聚团队智慧	汇报讲解条理清楚,声音洪亮,大方得体	现场小组配合,能解答他人的问题	成果有独特的思考、有创新的想法
1	☆☆☆☆☆	☆☆☆☆☆	☆☆☆☆☆	☆☆☆☆☆	☆☆☆☆☆	☆☆☆☆☆	☆☆☆☆☆
2	☆☆☆☆☆	☆☆☆☆☆	☆☆☆☆☆	☆☆☆☆☆	☆☆☆☆☆	☆☆☆☆☆	☆☆☆☆☆
3	☆☆☆☆☆	☆☆☆☆☆	☆☆☆☆☆	☆☆☆☆☆	☆☆☆☆☆	☆☆☆☆☆	☆☆☆☆☆
4	☆☆☆☆☆	☆☆☆☆☆	☆☆☆☆☆	☆☆☆☆☆	☆☆☆☆☆	☆☆☆☆☆	☆☆☆☆☆
5	☆☆☆☆☆	☆☆☆☆☆	☆☆☆☆☆	☆☆☆☆☆	☆☆☆☆☆	☆☆☆☆☆	☆☆☆☆☆

六、项目实施的关键性课例

表 3-55 为项目实施的关键性课例。

表 3-55　项目实施的关键性课例

入项活动	
驱动问题	设计学生喜欢的营养午餐
学习目标	1. 通过对午餐中各种营养成分的计算和分析，经历营养午餐食谱的设计过程，培养综合运用知识解决问题的能力 2. 经历小组合作解决问题的过程，在交流讨论中逐步提高交流、表达、倾听、合作、组织的能力，自主反思与评价，提升综合素养 3. 通过项目实践，体会科学健康饮食的重要性，养成良好的饮食习惯；获取运用所学知识解决问题的乐趣，培养应用意识和实践能力
学习重难点	学习重点：通过对午餐中各种营养成分的计算和分析，设计一周的营养午餐食谱 学习难点：针对营养午餐的探究，发现问题、提出问题，并制定解决问题的方案
学情分析	本节课的授课对象是六年级学生；学生具有一定的数学知识储备，动手操作能力较强，能够通过自主探究、观察、猜想、归纳、概括总结得出结论；此年段的学生对具有挑战性的知识充满好奇心，具有极强的探索欲望，也具备发现、提出、解决问题的能力 营养午餐对于学生来说是既熟悉又陌生的一个领域：熟悉的是每天都会接触午餐，陌生的是什么样的午餐搭配才是符合营养标准的 大部分学生对于营养膳食的知识缺乏了解；部分学生有挑食、偏食的不良饮食习惯

教学过程				
学习任务	学生活动	教师组织	学业要求	设计意图
一日营养午餐食谱设计的分享交流	1. 学生结合前一阶段的调研与设计，自主呈现一日营养午餐食谱设计；小组合作交流参与小组活动；评选最优一日午餐食谱设计，由最优者呈现汇报自己的设计 2. 围绕一日营养午餐食谱，集体交流提问，解决设计中遇到的问题	1. 引导学生回顾反思一日营养午餐食谱设计过程，总结交流营养午餐搭配的方法和经验 2. 组织小组交流评价一日营养午餐食谱设计，评选最优设计 3. 利用最优者分享设计成果，引导学生思考讨论：搭配一日营养午餐需注意什么；如何搭配才营养；怎么说明搭配的午餐符合营养标准	1. 能够积极参与交流，在交流中能独立思考，主动与他人交流 2. 经历回顾一日营养午餐食谱设计过程，总结经验和方法，提升思考、解决问题的能力，积累根据营养标准搭配午餐的方法和经验	利用小组交流回顾，整理一日营养午餐的搭配过程，总结提炼营养午餐的搭配方法和经验，为设计一周营养午餐食谱做铺垫

124

续表

学习任务	学生活动	教师组织	学业要求	设计意图
一周营养午餐食谱设计	1. 以小组为单位参与设计活动，了解活动要求：食谱设计理念、食谱书写及呈现方式、营养均衡、搭配合理、成本控制 2. 团队合作，借鉴个人成果，凝聚团队智慧，设计一周的营养午餐食谱	1. 组织学生积极参与活动，结合量表引导学生明确活动要求 2. 在学生明确活动要求后，组织学生讨论：搭配设计营养午餐时，如何搭配既美味又营养 利用小组合作交流，结合膳食宝塔，团队达成共识，搭配设计一周的营养午餐食谱	1. 经历一周的营养午餐食谱设计过程，感悟在实际情境中方案的形成过程，形成重视调查研究、合理设计规划的科学态度 2. 能积极参与团队交流活动，在活动中能独立思考，主动与他人交流，逐步提高学生的表达能力和合作能力	综合所有数据，分析午餐营养和人体所需营养之间的关系，达成人体对午餐所需营养的共识，把自己设计的一日午餐营养统计数据与达成的共识进行比较，设计一周的营养午餐；小组之间进行交流，提升综合运用知识解决问题的能力
午餐食谱营养分析汇报	1. 以小组为单位，依据食物提供的营养含量计算食物提供的能量，对比营养标准，对所设计的一周午餐食谱开展营养分析 2. 结合营养分析，调整食谱设计，形成团队设计成果	1. 引导学生围绕"设计的午餐是否符合营养标准""如何让我们的团队设计更有说服力"展开交流讨论 2. 引导学生根据食物所含的营养物质，计算相应的百分数；结合统计图等知识，进行统计分析，撰写营养分析报告 3. 根据营养分析，团队合作交流，提出改进意见，确定最终设计成果	1. 结合设计的一周营养午餐食谱，计算这一周午餐的营养构成情况，加深对数学知识以及数学与其他学科关联的理解 2. 经历解决简单实际问题的过程，提高应用意识，积累数学活动经验，获取成功的体验，感悟数学的价值	在真实情境中引导学生提出合理的问题；利用问题引发学生的认知冲突，激发学生的学习动机，促进学生积极探究；让学生经历数学观察、数学思考以及数学表达、概括、归纳、迁移、运用等学习过程，体会数学是认识、理解、表达真实世界的工具、方法和语言，增强认识真实世界、解决真实问题的能力，树立学好数学的自信心

七、项目反思

（一）学生反思

1. 项目执行反思

寻味膳食小组：我们组通过对食堂营养午餐的调查和对营养午餐的设计，发现原来我们每天吃的午餐中还有这么多学问。

我们在对食堂营养午餐调查学习的过程中认识了很多营养物质，知道了食物中的营养成分。我们通过数据的收集、整理、分析和计算，知道了每天所吃的午餐是否符合营养标准。

我们去菜市场了解食材价格，设计一日营养午餐，并动手操作为爸爸妈妈做午餐。原来我们每天所吃的午餐凝聚着这么多心血和劳动。通过这次活动学习，我们了解了科学均衡饮食的重要性。我们以后一定要改变自己的饮食习惯，让自己拥有更加强壮的体魄。

2. 项目结束反思

520营养小组：通过这次营养午餐学习活动，我们组每个人都有很多收获，学到了很多课堂上学不到的知识，也更加了解了数学的价值。我们运用了百分数、统计图等数学知识解决问题，收集、整理、分析调查的数据，通过计算确定营养搭配是否合理。经历了这些我们才知道原来数据这么管用，可以让我们更理性地分析问题，也可以让我们的汇报更有说服力。

科学膳食组：在这次活动中，我们感受到了团队合作的重要性。遇到自己不能解决的问题，大家经过合作努力，一起找到了解决办法。我们发现了团队同伴的优点，也发现了自己的不足。这提醒我们应向他人学习。我们都很喜欢这样的学习方式。它不仅可以激发我们的学习兴趣，还可以拓宽我们的视野，让我们可以获取很多书本上没有的知识，如食物的营养、食材价格、午餐的搭配等知识，也让我们更加自信，能够向同伴介绍自己设计的营养午餐。

（二）教师反思

1. 项目启动反思

进入项目启动阶段后，学生通过关注学校午餐的浪费现象，提出改进营养午餐，围绕营养午餐主题提出很多自己的想法及感兴趣的问题；通过问题的分类整理，确定要解决的核心问题。同时，学生也发现自己对营养知识了解得太少，需要学习。通过教师的引导，大部分学生自主采取多种渠道去学习了解营养膳食的知识。但也有一部分学生因偷懒没有提前去学习。这会影响项目的进一步实施。所以教师要有预见性，要有组织、有计划地在课堂上引导学生学习这部分知识。在分类、整理学生感兴趣的问题后，教师发现学生只关注自己提出的问题，对于别人提出的问题没有特别关注，在接受引导后才会关注别人提出的问题，以积极参与项目活动。

2. 项目执行反思

前两个任务涵盖了策划、调查、数据处理、绘图、优化等问题，对学生运用数学知识及其他学科知识解决实际问题的能力进行了综合考查。学生利用前两个任务的成果着重设计了一周的营养午餐食谱。这个项目式学习活动调动了学生学习的主动性，让他们真正从参与者变成组织开发者，在参与活动时投入了极大热情。这不仅让他们学会应用各个学科的知识来解决问题，提升了数学方面的技能，还让他们学到了做事要考虑周全、未雨绸缪，提升了综合素养。

3. 项目结束反思

通过本项目式学习，作为教学设计者，教师更加明确了项目式学习的意义，同时也在实践中获取了项目式学习活动开展的经验。

一是注重多学科融合。本项目式学习涉及数学、科学、美术、语文、信息技术等学科知识，着重打破学科知识与学科的边界，将这些学科知识有效融合，去解决如何设计营养午餐的问题。在这个过程中，学生通过分工合作、激烈讨论，遇到问题思考解决办法，积极提出自己的想法，主动尝试，从而感悟数学知识之间、数学知识与其他学科知识之间的联系。

二是注重课堂知识与生活经验融合。从学生的收获中可以看出，他们总结获取了很多课堂以外的知识。在控制成本这个环节，学生积极投身于菜市场，了解食材价格，认真开展调研，分析、比较、尝试搭配。学生通过课内结合课外和校内结合校外的方式开展学习，既巩固了所学的知识，也促进了书本知识与生活世界的联系，以综合运用所学知识及生活经验解决实际问题。

三是注重课本知识与实践能力融合。从学生参与的过程来看，从方案制定、活动筹备、组织与开展、交流展示、总结提炼，学生积极参与，在实践中运用所学知识寻找解决问题的方法，总结解决问题的经验，提升了实践能力。

【专家点评】

该项目式学习根据《义务教育数学课程标准（2022年版）》的要求，制定了跨学科主题的核心素养目标，围绕目标引导学生结合生活经验提出问题，让学生在真实情境中提出合理的问题并解决问题。一是聚焦核心问题，通过调查了解人体所需的营养物质，收集学校食堂的午餐食谱。二是运用所学的百分数和扇形统计图，综合运用数据分析午餐的营养和人体所需要的营养物质之间的关系，开展统计分析，撰写营养分析报告。三是利用小组合作交流，形成午餐营养的共识。这既加深了学生对数学知识以及数学与其他学科关联的理解，又通过问题引发了学生的认知冲突，激发了学生的学习动机，促进了学生积极探究，让学生经历数学观察和数学思考的过程。四是将所设计的一周营养午餐食谱通过海报、成果分析报告等形式进行展示和交流，开展最受欢迎营养午餐评选活动。这样学生经历数学观察、数学思考等学习过程，从而体会数学是认识、理解、表达真实世界的工具、方法和语言，增强认识真实世界、解决真实问题的能力，树立学好数学的自信心。

课例七 水是生命之源

一、项目概述

1993年，联合国将每年的3月22日定为世界水日，希望直面全球性水危机。我国将每年的3月22日至28日定为节约用水宣传周(简称节水周)。学校的节水宣传活动由六年级学生担任节水大使。他们开展调查研究，并编辑以"水是生命之源"为主题的宣传文案，在学校公众号上推广发布，倡导大家认识水的重要性、珍视水资源，行动起来，一起节水。在本次活动中，学生经历了驱动问题的确定、项目启动、探索研究、阶段总结、项目总结五个阶段。活动过程中培养了学生的问题意识、合作探究能力以及发现问题、分析问题、解决问题的能力等。表3-56为项目概述。

表3-56 项目概述

项目名称	水是生命之源
学生年龄段	六年级
涉及学科	数学、语文、科学、信息与科技
成果展示方式	在学校公众号上推广发布
学校	郑州实验外国语学校北校区
指导教师	王丽娟、李娜
设计团队	许景杰、郭路、邢杰、冯梦捷、陈柳亚、魏淑敏、李新景

二、项目目标

表3-57为项目目标。

表3-57 项目目标

学业发展目标	数学学科	1. 在真实情境中经历发现和提出问题的过程，能够根据主题有针对性地筛选信息、提取信息、整理信息，发现数据间的相关性，提升数据分析意识、数据表达能力 2. 在分析问题时学会关注并关联多角度的相关数据，发现数据之间的众多显性与隐性的关联

续表

学业发展目标	语文学科	1. 依据提出的问题有重点地获取、提取、关联信息，培养从非连续性文本中清晰、理性地挖掘表现事物的全貌、层次和本质的能力 2. 感受数据是支撑论点的重要论据 3. 理解宣传文本是有对象的目的性行为，需要站在对象的角度考虑表达方式与效果
	科学学科	1. 通过查询资料以及结合自身的感受体会淡水资源并非取之不尽、用之不竭 2. 理解可用水资源与自然资源分布、环境气候、水循环、社会举措、习惯认知等众多因素都有紧密的相关性 3. 了解自然资源的分布对居民生活、社会生产有着重要影响
	信息与科技学科	1. 在查询资料、分析数据中，感受信息科技更新了数据统计与分析的方式 2. 了解信息科技扩大了人们的交流范围、信息获取渠道，也对内容的视觉化、可读性提出了更高的要求
素养发展目标	真实合作解决问题	1. 解决珍惜水资源仅仅是口号和停留在道德层面等问题 2. 依据提出的核心问题从不同的角度收集资料，论证郑州是真的缺水，珍惜水资源迫在眉睫 3. 在项目活动中发挥自己的长处，提升团队合作的效率，增强团队意识
	同理心	1. 能够从大众接受的角度多方面设计"水是生命之源"宣传方案 2. 能够换位思考，找到充足的证据论证自己的观点
	责任担当	1. 积极参与制订项目式学习的目标与计划，并积极执行 2. 关心民生问题，学有所用，担起节水大使的重任，做好节水宣传工作，增强居民的节水意识
	有效沟通	1. 组内成员各有所长，在沟通过程中学会换位思考，采用合适的沟通内容与方式进行沟通，增强合作意识 2. 在活动过程中积极听取周边专业人士的建议，并进行反思与反馈

三、项目驱动问题

表 3-58 和表 3-59 分别为核心驱动问题和分解驱动问题。

表 3-58 核心驱动问题

核心驱动问题	项目成果	总时长
如何让更多的人意识到水是生命之源	发布以"水是生命之源"为主题的宣传文案，让更多的人信服郑州需要节水，增强节水意识	8 周

表 3-59　分解驱动问题

分解驱动问题	主任务	主产品	时长
为什么要节水	1. 讨论制定宣传提纲 2. 提出问题 3. 探究回答	1. 明确节水宣传主题情境、发布主题任务 2. 讨论制定宣传文案提纲，规划活动整体安排 3. 讨论收集资料、调查研究的角度，分析关联性，聚焦主要研究方向（从郑州水资源分布、水资源总量、总人口数、统一缺水标准、浪费水现象、污染、浪费等众多角度聚焦郑州人均水资源量、水浪费、水污染三点） 4. 形成宣传文案第一部分的初稿	2 周
节水现状如何	1. 调查了解现行节水举措 2. 交流分享节水现状	1. 小组选取探究主题，收集相关资料，制订实地参观、交流采访、调查研究计划 2. 结合评价标准，分组形成节水宣传文案第二部分——"节水现状如何"宣传文稿	2 周
我们能做什么	1. 探究回答 2. 优化发布 3. 成果整理	1. 分组讨论、制定节水创意征集方案 2. 制定家庭节水方案，记录节水效果，择优发布推广 3. 每个小组制作幻灯片，分享一个月的节水记录与效果 4. 节水大使活动总结	4 周

四、项目式学习实施过程

（一）入项活动

问题："水是生命之源"宣传提纲是什么

持续时间：1 天

教学活动：

①结合纪录片片段、生活经验、认知基础，探究为什么水是生命之源，理解水的重要性。

②明确节水宣传主题情境、发布主题任务。

③讨论制定宣传文案提纲，规划活动整体安排。

（二）分解驱动问题 1

问题：为什么要节水

持续时间：2 周

教学活动：

1. 提出问题：我们真的缺水吗

以郑州为例开展探究，讨论聚焦资料收集方向。

①基于节水宣传、三阶水价、南水北调工程与真实体验的冲突，提出问题：我们真的缺水吗？

②确定以郑州为例的探究思路，回答节水的必要性的问题。

③讨论收集资料、调查研究的角度，分析关联性，聚焦主要研究方向。

2. 探究回答：郑州真的缺水吗

①交流课前收集的郑州人均水资源量的资料。

②对比国际缺水标准，联系相关数据信息，体会郑州每日人均可用水量，感受郑州缺水。

③基于水资源、水污染情况，理解可用水量远远少于计算所得，强化节水的必要性认同。

④补充多元数据信息，感受数据对社会发展的意义。

⑤布置作业：编辑"为什么要节水"文案，明确具体要求、评价标准。

设计思路：学生通过道德与法治、科学等学科不同的课堂以及身边各种的节水宣传已经了解到要节水，但是并没有真正意识到节水的必要性，以及水资源缺乏造成的严重后果。从学生熟知的、真实的、复杂的生活问题入手，一方面激发学生的兴趣，让学生有积极探究的欲望，能调动学生的求知欲；另一方面从教材知识到生活实际，挖掘问题的本质，用数据说话，让学生信服郑州是真缺水，有节水的必要性，增强节水意识。

相关资源：新课程标准的研读、入项活动前的调研问卷、学生的知识储备和认知水平；学校位于南水北调中线工程水渠旁的优越地理位置，便于学生实地考察，了解国家的相关举措。

（三）分解驱动问题 2

问题：节水现状如何

持续时间：2 周

教学活动：

1. 调查了解：现行节水举措

①讨论节水现状可从哪些方面开展探究和文案表达，如国家现行节水举措、家庭节水习惯。

②小组选取探究小主题，收集相关资料，制订实地参观、交流采访、调查研究计划。

2. 交流分享：节水现状

①分组汇报调研成果、交流感受所得，理解国家节水举措的意义与成就。

②梳理居民生活中有效节水方法的推荐指数。

③分组讨论节水现状部分文案的二级提纲，交流分享。

④布置作业：编辑"节水现状"文案，明确具体要求、评价标准。

设计思路：本部分已经从不同的角度论证了节水的必要性。目前节水现状如何需要调查了解。从国家现行节水举措、家庭节水习惯两个方面，学生通过实地参观、交流采访、资料收集等方式深入探究，开展调查。学生分组汇报调研成果、交流感受所得，理解国家节水举措的意义与成就，形成宣传文案第二部分的初稿。

相关资源：国家现行节水举措资料、家庭节水习惯调研成果和宣传文案第二部分的初稿。

（四）分解驱动问题3

问题：我们能做什么

持续时间：4周

教学活动：

1. 探究回答：我们还能做什么

①思考讨论1：我们能做什么？——怎样的宣传能提高节水意识和节水效果？（增强参与感和互动性，征集节水创意……）

②分组讨论节水创意征集方案。

③思考讨论2：我们还能做什么？——制定家庭节水方案，记录节水效果，择优发布推广。

④布置作业。

第一部分是编辑"我们能做什么"文案，明确具体要求、评价标准。第二部分是制定家庭节水实施、记录方案。

2. 优化发布："水是生命之源"宣传文案

①交流文案内容，结合评价标准互评建议。

②修改优化，定稿发布。

③布置作业：家庭节水行动（一个月的节水记录与效果）。

3. 成果整理：节水创意征集与节水实践效果的推广发布

①节水创意征集结果统计汇总、优选评估。

②一个月的节水记录与效果分享、互评反馈。

③汇总以上两项，择优发布推广。

④节水大使活动总结。

设计思路：千里之行始于足下，要想倡导全民进行有效的节水，需要思考怎样的宣传能提高节水意识和节水效果。制定家庭节水方案，记录节水效果，人人容易做到，更具有说服力。

相关资源：节水创意征集方案，切实可行的家庭节水实施、记录方案。

五、项目式学习评价方案

表 3-60 为项目式学习评价方案。表 3-61 和表 3-62 分别为成果展示互评表、成果展示评价表。

表 3-60 项目式学习评价方案

主要产品或表现	素养目标	证据	评价方式	评价时机
"水是生命之源"宣传提纲	1. 结合纪录片片段、生活经验、认知基础明确节水宣传主题情境、节水大使文案发布主题任务 2. 讨论制定宣传文案提纲，规划活动整体安排	宣传提纲能够涵盖所探究的主要问题及内容	1. 评价表 2. 教师及时反馈	形成性评价
探究回答：郑州真的缺水吗	1. 在真实情境中经历发现和提出问题的过程，能够自主筛选信息，确定研究主题，制定活动方案；通过网络搜索、书本查阅、实地走访、询问调查等方式，收集与"水是生命之源"主题相关的资料，培养数据意识 2. 在小组合作探究、汇报展示等活动中，能积极参与、主动交流，经历信息的收集、整理、分析过程，加强对水资源保护等社会问题的关注与理解 3. 在问题解决过程中，能以单位换算、统计图表等数学知识为基础，综合运用科学、信息、语文、艺术等跨学科的知识与方法解决问题，感受数学与其他学科的联系，能对现实现象进行观察、思考和表达，进一步提升环保意识、社会责任意识	能从不同的角度收集资料论证郑州是真的缺水 用数据说话，挖掘数据间的关联性；透过数据看清社会问题的本质	1. 教师及时反馈 2. 评选出"节水的必要性"优秀宣传文案	形成性评价

续表

主要产品或表现	素养目标	证据	评价方式	评价时机
现行节水举措	1. 小组选取探究主题，收集相关资料，制订实地参观、交流采访、调查研究计划 2. 分组汇报调研成果、交流感受所得，理解国家节水举措的意义与成就，梳理居民生活中有效节水方法的推荐指数	1. 以文档形式记录调研过程及收获 2. 结合评价标准，分组形成宣传文案第二部分——"节水现状如何"宣传文稿	1. 评价表 2. 评选出"节水现状如何"优秀宣传文稿	形成性评价
"水是生命之源"宣传文案	1. 在给定主题下感受从撰文、图片和数据筛选、排版、美化到发布的整个过程，提升综合能力 2. 在探究过程中学会融合不同学科的知识，感受学科间的联系以及数学与生活的关联	1. 观点鲜明、数据清晰、论据充分、逻辑清晰 2. 图文并茂，数据支撑 3. 布局合理、板块清晰、冲击力强、表达有艺术性	1. 评价表 2. 评选出"水是生命之源"优秀宣传文案，进行发布推广	形成性评价、总结性评价
节水创意征集与节水实践效果的推广发布	利用不同的途径征集节水创意，并真正践行，增强节水意识	1. 节水创意征集结果统计汇总，优选评估 2. 一个月的节水记录与效果分享、互评反馈	1. 评价表 2. 教师及时反馈 3. 择优发布推广	形成性评价、总结性评价

表 3-61　成果展示互评表

组名：

评价内容	评价标准			评分
	好	较好	一般	
汇报小组成员的表现情况（20分）	全组成员积极参与，配合默契，声音洪亮，大方得体（17~20分）	全组成员积极参与，配合较默契，声音较洪亮，较大方得体（11~16分）	全组成员积极参与，声音较洪亮，不够大方得体（8~10分）	

续表

评价内容	评价标准			评分
	好	较好	一般	
方案的完成度 （40分）	观点鲜明，数据清晰，论据充分，关联数据，逻辑清晰；文本内容图文并茂，布局合理，板块清晰，冲击力强，表达有艺术性（36～40分）	观点鲜明，数据清晰，论据充分，但是数据关联性不强，板块清晰，文本以文字为主（31～35分）	观点鲜明，数据呈现不清晰，数据关联性不强，板块清晰，表述缺乏艺术性，以文字为主（25～30分）	
汇报展示的完整度（30分）	形式新颖，全员积极参与，内容详略得当，反思深刻（27～30分）	形式中规中矩，全员参与较积极，内容翔实，反思较深刻（22～26分）	形式一般，没有全员参与，内容及反思都不太充分（18～21分）	
汇报展示的条理性（10分）	小组成员分工明确，展示内容清晰明了，有条理（8～10分）	小组成员分工明确，展示内容完整但是缺乏条理性（6～7分）	小组成员分工不太明确，展示内容完整但不太清晰（4～5分）	

表3-62 成果展示评价表

组别	内容	汇报交流	倾听	互动	创新
	观点鲜明，数据清晰，论据充分，关联数据，逻辑清晰	内容清晰有条理，主次分明，形式新颖，大方得体	认真倾听，并对小组的想法表示认同或提出建议	能够关注到每个小组，积极解答他人提出的问题，小组成员配合默契	有吸引力，有特色
1	☆☆☆☆☆	☆☆☆☆☆	☆☆☆☆☆	☆☆☆☆☆	☆☆☆☆☆
2	☆☆☆☆☆	☆☆☆☆☆	☆☆☆☆☆	☆☆☆☆☆	☆☆☆☆☆
3	☆☆☆☆☆	☆☆☆☆☆	☆☆☆☆☆	☆☆☆☆☆	☆☆☆☆☆
4	☆☆☆☆☆	☆☆☆☆☆	☆☆☆☆☆	☆☆☆☆☆	☆☆☆☆☆
5	☆☆☆☆☆	☆☆☆☆☆	☆☆☆☆☆	☆☆☆☆☆	☆☆☆☆☆

六、 项目实施的关键性课例

表 3-63 为项目实施的关键性课例。

表 3-63 项目实施的关键性课例

中期活动	
驱动问题	郑州真的缺水吗
学习目标	1. 在真实情境中经历发现和提出问题的过程,并通过网络搜索、书本查阅、实地走访、询问调查等方式,收集与"水是生命之源"主题相关的资料,培养数据意识 2. 在小组合作探究、汇报展示等活动中,能积极参与、主动交流,经历信息的收集、整理、分析过程,加深对水资源保护等社会问题的关注与理解 3. 在问题解决过程中,能以数据意义、统计图表等数学知识为基础,综合运用科学、信息、语文、艺术等跨学科的知识与方法解决问题,感受数学与其他学科的联系,能对现实现象进行观察、思考和表达,进一步提升环保意识、社会责任意识
学习重难点	学习重点:从郑州市人均水资源量、水浪费与污染现象两个主方向查询资料论证"郑州真的缺水" 学习难点:从数据出发,关联不同的数据论证观点;宣传文案要新颖、有吸引力
学情分析	水是生命之源,它与阳光、空气并称为生命三元素;虽然学生已经学过有关水的知识,但更多停留在"水是生命之源"要求节水,并没有通过"水是生命之源"项目式学习去思考水的重要性,为什么要节水以及现行的节水举措有哪些等一系列问题 学生在面对综合问题时往往不能综合运用所学知识,缺乏数据意识、推理意识和应用意识,需要在真实的情境下提升这些方面的能力,经历从数学的角度研究社会问题的过程,培养对数学的应用意识,提升数学学习的兴趣 六年级学生具备了综合运用知识的能力与基础,尤其是到了六年级下学期已经把统计类的知识全部学完;可以借助本项目式学习让学生综合运用统计的内容,感受统计的重要性;了解解决一个社会性问题不能仅仅从感性出发,更应该理性思考,用数据说话,找到数据间的关联性,挖掘数据背后的奥秘 当面对现实世界时,学生会更清晰地意识到真实社会中都是需要综合运用知识的场景和问题;在"水是生命之源"这一主题的现实背景下,需要综合调用数学、语文、科学、信息技术等多学科知识,才能顺利完成调查与实践、理解与分析、探究与表达、创新与应用等学习活动,从而了解淡水资源分布及储备情况、了解水资源问题与现状、发现其与国家举措和人们行为之间的关联性,更好地提出项目式学习要解决的问题、根据问题制定解决方案、按照解决方案解决问题、完成主题任务

续表

教学过程				
学习任务	学生活动	教师组织	学业要求	设计意图
回顾"郑州真的缺水吗"问题的提出过程和资料收集的聚焦方向	1. 回忆"水是生命之源"的宣传提纲 2. 前面产生的两种不同的观点：缺水、不缺水 提出问题：郑州真的缺水吗 3. 从多角度收集资料，聚焦到两点：郑州市人均水资源量、水浪费与污染现象 4. 梳理小组收集、整理的资料，准备汇报	1. 带领学生回顾"郑州真的缺水吗"问题的提出过程 2. 呈现从多角度收集资料的方向，最终聚焦到两点：郑州市人均水资源量、水浪费与污染现象 3. 引导各小组准备汇报收集到的资料	1. 知道需要探究回答的问题是"郑州真的缺水吗" 2. 主要从郑州市人均水资源量、水浪费与污染现象两方面收集资料 3. 侧重从数据出发找论据，关联不同的数据，培养数据意识	1. 回顾"郑州真的缺水吗"问题的提出过程以及资料收集的聚焦方向；加深理解，有意识地用数据说话，从数据出发论证自己的观点，提高数据意识 2. 提高学生在日常生活中发现数学问题的兴趣，让学生学会用数学的眼光去观察、分析和表达现实世界
用数据论证"郑州是否真的缺水"	1. 各小组根据自己选择的主题采用不同的方式，如上网查询资料、询问家长或专业人士、实地走访等 2. 以幻灯片的形式汇报收集到的资料；小组成员配合从不同的角度论证郑州是真的缺水	1. 引导学生积极思考，尝试利用不同的途径收集资料 2. 引导学生用数据说话，让学生认识到数据能反映社会真相及问题 3. 为学生提供采访专业人士或实地走访的途径或机会	1. 能够发挥小组合作的优势，通过上网查阅、实地走访等不同方式收集资料 2. 能够梳理数据，发现数据间的关联性，用数据论证自己的观念，提升数据意识	1. 充分发挥学生的主体性、教师的指导性；小组查阅资料环节让学生成为课堂的主体 2. 引导学生经历从数学的角度研究社会问题的过程，培养对数学的应用意识，提升数学学习兴趣

续表

学习任务	学生活动	教师组织	学业要求	设计意图
		4. 用不同的方法让学生感受人均水资源量到底有多少，为学生提供日常生活用水量标准；与目前的人均水资源量相比，感受到水并不是取之不尽、用之不竭的，随时会面临断水的问题；所以节水是非常有必要的		
了解郑州统计年鉴的内容及国家的机构改革	1. 了解郑州统计年鉴的内容，思考为什么要统计收集这些数据以及有什么意义 2. 了解在党中央机构改革中组建了国家数据局	1. 出示郑州市统计年鉴，让学生快读浏览里面涵盖的内容，明确统计的内容包含生活的方方面面；这样可以更加直接真实地反映居民的生活情况 2. 讲述国家组建国家数据局的意义；数据的重要性不言而喻	1. 了解郑州统计年鉴的内容包含生活的方方面面 2. 理解数据是对现实生活的真实反映，学会用数据说话，提高数据意识	从更高的层面让学生了解数据的重要性，这是国家做出重大决策的依据；以后遇到问题，有意识地从数据出发，寻找解决问题的方法

139

续表

学习任务	学生活动	教师组织	学业要求	设计意图
明确作业内容	1. 了解"节水的必要性"宣传文案的评价量规 2. 撰写第一部分——"节水的必要性"文案	1. 出示"节水的必要性"宣传文案的评价量规，撰写文案时可以参考 2. 明确具体的作业要求	小组撰写第一部分——"节水的必要性"文案	利用有数据链、图文并茂、布局合理、板块清晰、逻辑严谨、有吸引力的文案让更多的市民信服节水的必要性

七、项目反思

（一）学生反思

1. 项目执行反思

第2小组：我们刚开始听到要作为节水大使进行节水宣传时，觉得节水人人皆知，不需要宣传了。我们经过讨论发现虽然节水大家都知道，但是大家对节水的必要性并不是很清楚。项目刚开始时我们只是按照老师的要求去做，主动性不强，慢慢地发现项目很有意义。这和以往的课堂不同，以数学学科知识为主，融合了科学、语文、信息与技术等多门学科知识，从数据出发，关联不同的数据，挖掘数据背后反映的社会问题的本质。学习方法也有很大的不同，有网上查询、实地走访、采访专业人士等多种方式，以发挥小组合作的优势。我们越来越喜欢这种项目式学习。我们小组还达成共识，在生活中要时刻记得自己节水大使的身份，合理分配水的使用，及时制止身边浪费水、污染水的现象。

2. 项目结束反思

第1小组：随着项目式学习的结束，我们感受颇深，收获良多。我们知道了小组合作的重要性，没有完美的个人，只有优秀的团队。比如，收集的资料涉及因素较多，我们只有分工合作，才能收集全面，提高效率。在活动中遇到很多问题时，我们小组一起讨论，发挥各自的优势，商量策略，将所学的知识灵活运用到生活中，从而解决问题。我们还要学会换位思考，不能只完成自己的任务，要顾全大局。重要的是敢于尝试，不能只做一个思想家。只有去做了，我们才知道这种方法是否行得通。这种方法不行，我们就再换一种方法。

第3小组：这些学习大大提高了我们解决问题的能力，使我们的思考更加全面了。我们无论做什么事情都能想到先有计划，再按照计划进行商讨。如果有分歧，我们会主动求助经验丰富的家长，请教老师或专业人士。从开始的懵懂到后来的得心应手，这个过程可谓是痛并快乐着。经历了文案的撰写、图片和数据的筛选、排版、美化这个真实的过程，我们感到非常有成就感，学习到的不仅是课本上的知识，还拓宽了视野，增长了见识。还记得我们下雨天去自来水厂实地走访，通过专业人士的讲解，看到制水工艺的复杂过程，更加知道一汪清泉的来之不易。我们将继续努力，希望有机会参与更多的项目式学习。

（二）教师反思

1. 项目启动反思

《义务教育课程方案(2022年版)》明确要求各门课程原则上用不少于10%的课时设计跨学科主题学习。此后教师便开始研读课程标准，考虑本学期有哪些内容可以作为跨学科主题学习、如何实施。从开始的不同学科的内容拼凑到把数学作为跨学科课程的引领学科，教师基于学生的认知基础，围绕"水是生命之源"这个真实情境，以数学学科内容，尤其是数学核心知识和思想方法为主干，运用并整合语文、科学、信息与科技等多学科知识和方法，开展综合性学习。这是数学学科育人方式和学习方式的变革，也是教师教学策略的变革。教师通过查阅大量资料，听专家解读新课程标准，结合学生的生活实际、认知水平选定项目主题，开始进行探究。

2. 项目执行反思

数学跨学科主题学习过程主要探究回答"郑州真的缺水吗"，与学生的生活联系紧密，参与感强，注重从项目式学习的现实背景出发，引导学生通过自主参与、合作交流、上网查询、实地走访等方式来获取相关的数据和信息，感受到郑州真的缺水；融合科学、信息与科技等学科，有利于培养学生的创新意识、实践能力、社会担当等综合品质，有利于推动数学学科育人方式和学习方式的变革，体现了数学的价值。

整个学习过程在确定宣传提纲及驱动性问题时所用时间较长。从宽而浅到精而深，教师在整个过程中深切体会到专业知识的重要性，敢于探究、尝试。

3. 项目结束反思

该项目式学习紧扣数学新课程标准，引导学生经历从数学的角度研究社会问题的过程，基于对数据的理解，从感性的认知升华到理性的思考，挖掘数据背后的信息，发挥数据的意义，培养学生对数学的应用意识，提升学生的数学学习兴趣，从而达到良好的综合教育效果。

作为跨学科学习，在学习内容方面，在基于数学学科知识的综合运用基础上，教师注重数学与语文、科学及信息与科技大概念的相互关联，注重学科间的高互通、高迁移、交叉融合。在学习方式方面，教师采用课内＋课外、校内＋校外、集中＋分散的方式引导学生学习，真正地让学生走出课堂、走出教室，置身社会、置身生活。比如，课内多是在制订计划、交流碰撞以及为完成下阶段的任务提供帮助与支持；课外主要是开展探究实践。在学习过程方面，教师注重让学生利用解决现实问题的方式、方法，把所学的知识应用到生活中去，真正地体会到数学来源于生活，又服务于生活。当知识结论容易获得时，学习的思维与方法、过程与体悟、迁移与合作、态度与责任更有价值。

在整个活动中，数据来源于学生查阅、收集的资料和实地走访。但是对于一些复杂的问题，学生可查阅的资料或形式都是有限的，会直接影响活动效果。

【专家点评】

该项目式学习是一种以学生为中心开展的跨学科项目式学习，通过让学生参与到熟悉的具有真实情境的项目中，培养学生的创新精神、实践能力以及批判性思维。比如，探究回答"郑州真的缺水吗"与学生的生活联系紧密，引导学生通过自主参与、合作交流、上网查询、实地走访等方式来获取相关的数据和信息，融合了多学科知识，能培养学生的创新意识、实践能力、社会担当等综合品质，最终让学生会用数学的眼光观察现实世界，会用数学的思维思考现实世界，会用数学的语言表达现实世界。

课例八　弦外之音

一、项目概述

音乐的发展历史悠久。现代社会有诸多乐器，各具特色。追根溯源，不免好奇，乐器是如何出现的？演奏和谐的声音之间有着怎样的关系呢？以前人们发现，解决问题的钥匙和这些声音背后的数学关系密切相关。如何从数学的视角研究这些问题？可以利用这些关系制作自己的小乐器吗？基于以上思考，我们确定本次活动的主题是如何制作一个独弦琴。学生在合作、思考、探究的过程中，运用数学学科及音乐学科的知识，经历项目启动、产生成果、成果展示三个阶段，体验和理解数学在实际生活中的应用价值，发展模型观念、创新意识和应用意识，真正试着用数学的眼光观察世界、用数学的思维思考世界、用数学的语言表达现实世界。表 3-64 为项目概述。

表 3-64　项目概述

项目名称	弦外之音
学生年龄段	七年级
涉及学科	数学、音乐
成果展示方式	成果展示分享会
学校	中国人民大学附属中学
指导教师	孙芳
执教教师	张雨朦、李长彦

二、项目目标

表 3-65 为项目目标。

表 3-65　项目目标

学业发展目标	数学学科	1. 结合情境，用数学方法观察、用数学语言描述音阶内各个声音之间的关系 2. 面对任务，经历实践操作、记录数据、猜想规律、验证探索的过程，感受利用数学方法如何解决问题
	音乐学科	1. 通过寻找音阶，演奏旋律，表达情感 2. 了解音阶的产生和音阶内各个声音之间的关系 3. 体会音乐中的数学知识和数学如何促进音乐的发展，体会音乐与数学之间相辅相成的关系

续表

素养发展目标	真实合作解决问题	1. 制作独弦琴的过程中体会乐器的制作和发展 2. 利用实验探索，学习所需知识，融会贯通，设计产品，制订计划 3. 团队合作，群策群力，明确分工，各司其职
	批判性思维	1. 能从实验探究、理论学习等不同角度尝试解决问题 2. 能对最终成果进行反思和优化
	有效沟通	1. 能向团队成员清楚表述自己的想法，愿意积极倾听其他成员的观点并进行回应 2. 能选择合适的表达方式，向沟通对象进行清晰表述
	技术运用	1. 初步掌握电子学习资源的获取方式，提高根据关键词进行检索的能力 2. 使用在线协作工具完成数据收集、成果汇总等

三、项目驱动问题

表 3-66 和表 3-67 分别为核心驱动问题与分解驱动问题。

表 3-66 核心驱动问题

核心驱动问题	项目成果	总时长
如何制作一个独弦琴	自制的小乐器或相关研究成果展示	3 周

表 3-67 分解驱动问题

分解驱动问题	主任务	主产品	时长
如何制作独弦琴	1. 从数学的角度研究音阶内各个声音之间的关系 2. 基于研究所得结论，制作独弦琴或其他小乐器；针对感兴趣的相关话题进行深入探究	1. 实验数据记录单 2. 动手制作小乐器，演奏旋律	2 周
如何进行成果展示	为成果展示进行准备；以小组为单位，分工合作，梳理项目实施的过程、遇到的问题、解决方法和最终成果；设计、制作成果展示幻灯片	成果展示幻灯片	1 周

四、项目式学习实施过程

（一）入项活动

教师引导学生观看视频，描述现象，提出研究问题。

持续时间：1 天

教学活动：

①组织学生观看视频。视频呈现的内容依次为用生活中的小乐器、水杯、别针、吉他弦演奏简单的旋律。

②引导学生从多角度观察视频，并描述所观察到的现象。

③引导学生梳理所观察到的现象。教师进行总结，引出现象背后呈现的问题：声音与这些影响因素之间的关系。

④渗透一般研究思路，由简入繁，引导学生先从较简单的问题入手研究，从而提出研究问题。

（二）分解驱动问题 1

问题：如何制作独弦琴

持续时间：2 周

教学活动：

1. 课上集中引导

①引导学生共同确定本节课初步研究的问题：一组音阶内各个声音的振动弦长之间的数量关系。

②提出任务：制作一个独弦琴。教师下发实验器材和实验记录单（详见"项目实施的关键性课例"），引导学生以小组为单位展开探索，寻找一组声音，尝试演奏旋律；测量独弦琴上各个声音的振动弦长，并填写实验记录单。

③针对各个小组遇到的问题，提供有针对性的指导；对于各个小组普遍出现的问题，进行全班范围内集中指导，确保小组活动有序、高效。

④选择其中几个小组进行独弦琴旋律演奏的展示，进行导引课的初步成果展示。

⑤引导学生根据实验记录单填写电子表格，汇总各个小组的数据，呈现在大屏幕上，方便他人观察。

⑥引导学生从数学的角度观察各小组内的声音对应的弦长之间的数量关系；引导学生从数学的角度进行广泛猜想，猜想每组音阶内振动弦长的数量关系（定性关系、定量关系）。

⑦根据学生猜想的规律进行验证，引导学生主动思考并提出验证的方案。

⑧选择其中一个猜想的数量关系，通过计算和测量再次制作一个独弦琴；通过演奏旋律，进行验证、总结。

⑨简要介绍中国古代研究结论，拓宽学生的视野，增强文化自信，落实学科育人。

⑩引导学生分享本节课的收获；引导学生从数学的角度梳理本节课的实验记录—观察猜想—验证猜想的研究思路，总结提升；引导学生思考自己感兴趣的相关研究话题并积极分享。

⑪发布课下任务：选择自己小组感兴趣的相关话题进一步探索。

2. 课下独立指导

①跟进各小组的进展情况，根据其选题、研究方法、组内分工等情况进行提示和指导，充分发挥小组组长的领导能力，充分引导和调动小组成员发挥能动性，自主解决问题。

②各小组成员记录在合作探究过程中遇到的问题、解决方法和研究成果，最终完成小乐器的制作或者相关研究成果展示。

设计思路：在现代社会，学生一般都有学习乐器的经验。从数学的视角引导学生对音乐的产生进行探究，能充分激发学生的好奇心和求知欲。实际上，声音的音调受许多因素共同影响，如弦的振动长度、弦的松紧程度、弦的粗细程度等。几个声音组合起来，演奏是否和谐，也和上述因素之间的数量关系密切相关。在诸多影响因素中，通过教师的引导，学生很容易想到研究声音与所对应的振动弦长之间的关系，因为这是容易着手测量的影响因素。教师可以在此过程中引导学生切身体会，复杂抽象的现象研究如何向简单具体的问题研究转化。为了研究一根弦上各个声音振动长度之间的数量关系，顺应学生的认知规律，教师最终确定实验记录—观察猜想—验证猜想的研究思路，以制作独弦琴为核心任务，利用准备好的实验器材，顺理成章地引导学生从动手实践开始，记录数据；运用多媒体技术、信息技术汇总数据；引导学生抽丝剥茧，最终探索到音阶背后的数学知识，用以解决真实问题，培养学生的模型观念、创新意识和应用意识。

相关资源：课上观看的视频、自制实验器材、实验数据记录单、数据统计电子表格、数学知识及最终成果。

（三）**分解驱动问题 2**

问题：如何进行成果展示

持续时间：1 周

教学活动：

①指导各小组确定展示主题、内容、形式，如自制小乐器进行演奏，或针对相关话题进行综述报告等。

②指导各小组梳理研究方法、研究过程及其中的问题和解决方法、研究成果、组内分工及实现效果等，根据以上内容确定展示幻灯片的逻辑顺序、支持材料等。

③根据规划设计，制作展示幻灯片。

④针对幻灯片提出建议，指导小组进一步修改完善幻灯片。

⑤根据幻灯片组织展示演讲。教师指导修改，完善展示效果。

⑥各小组轮流在班内进行成果展示，组间进行互动、提问沟通、评价等。

设计思路：成果展示是项目式学习活动的重要一环。在成果展示的筹备过程中，组内成员要充分沟通，精心设计展示流程，清晰流畅地表达研究过程和最终成果，提高数学语言表达能力、信息组织能力和文本写作能力。成果展示能进一步提高学生的成就感，培养他们的自信心、学习兴趣和公共表达能力。

相关资源：成果展示幻灯片和评价单。

五、项目式学习评价方案

表 3-68 为项目式学习评价方案。表 3-69 和表 3-70 分别为成果展示互评表和成果展示评价表。

表 3-68　项目式学习评价方案

主要产品或表现	素养目标	证据	评价方式	评价时机
独弦琴	1. 了解弦乐器的发声原理，体验数学知识在确定音高过程中发挥的重要作用 2. 以制作独弦琴任务为导向，经历实践操作、记录数据、猜想规律、验证探索的完整过程，培养问题意识、创新意识，体会数学与实际生活的紧密联系	1. 制作的独弦琴能演奏完整、清晰的音阶和旋律 2. 能用数学语言猜想和验证各个声音之间的关系，在理论指导下制作小乐器	1. 实验记录表 2. 小组互评：弦外之音阶段性成果互评表 3. 教师反馈	形成性评价、总结性评价
汇报幻灯片	能制作成果汇报幻灯片，运用信息技术呈现学习成果；能清晰组织信息，掌握演讲能力，准确、清晰、简练地介绍本组的特色	幻灯片内容翔实、准确、清晰、美观；体现小组所做的研究思路和最终成果	1. 小组互评：成果展示评价表 2. 教师反馈	形成性评价、总结性评价

表 3-69　成果展示互评表

组名：

评价内容	评价标准			评分
	好	较好	一般	
小组合作情况 （20 分）	小组成员分工明确，各司其职，人人参与；展示过程全组参与，热情礼貌，声音洪亮(17～20 分)	小组成员分工合作，展示过程全组参与，较为热情礼貌，声音较为洪亮(13～16 分)	小组成员有分工合作的意识，展示过程积极参与，声音清楚(8～12 分)	

147

续表

评价内容	评价标准			评分
	好	较好	一般	
项目的完成情况(40分)	小组有明确的研究主题；针对主题有多样化的研究思路；成果具有观赏性或实用价值(36～40分)	小组有明确的研究主题；针对主题有可操作性的研究思路，并得到相应成果(30～35分)	小组有明确的研究主题；其研究思路和成果还有待完善的空间(25～29分)	
展示的完成情况(40分)	幻灯片的内容完整丰富，条理清晰且美观；汇报者讲解清楚易懂，能完整体现小组所做的研究工作和最终成果(36～40分)	幻灯片内容完整、准确；汇报者讲解清楚，基本体现小组所做的研究工作和最终成果(30～35分)	幻灯片内容准确；汇报者讲解条理有待完善，未能充分体现小组成果(25～29分)	
综合评价及建议				

表 3-70　成果展示评价表

组别	内容	汇报交流	倾听	互动	创新
	主题明确，条理清晰，知识无错漏，成果可观赏	汇报幻灯片清晰美观；汇报者声音清楚洪亮，讲解清晰易懂	能认真倾听，做好记录，积极思考提问，进行合理评价	能针对其他小组的提问，进行正确、礼貌的回答	研究思路或研究成果有特点
1	☆☆☆☆☆	☆☆☆☆☆	☆☆☆☆☆	☆☆☆☆☆	☆☆☆☆☆
2	☆☆☆☆☆	☆☆☆☆☆	☆☆☆☆☆	☆☆☆☆☆	☆☆☆☆☆
3	☆☆☆☆☆	☆☆☆☆☆	☆☆☆☆☆	☆☆☆☆☆	☆☆☆☆☆
4	☆☆☆☆☆	☆☆☆☆☆	☆☆☆☆☆	☆☆☆☆☆	☆☆☆☆☆
5	☆☆☆☆☆	☆☆☆☆☆	☆☆☆☆☆	☆☆☆☆☆	☆☆☆☆☆

六、项目实施的关键性课例

表 3-71 为项目实施的关键性课例。表 3-72 为项目记录单。

表 3-71　项目实施的关键性课例

入项活动	
驱动问题	如何制作一个独弦琴
学习目标	1. 了解弦乐器的发声原理，体验数学知识在确定音高过程中发挥的重要作用 2. 以制作独弦琴任务为导向，经历实践操作、记录数据、猜想规律、验证探索的完整过程，培养问题意识、创新意识，体会数学与实际生活的紧密联系

续表

学习重难点	学习重点：了解弦乐器发声的基本原理，完成制作独弦琴、测量数据等相关任务 学习难点：通过数据猜想规律，研究弦长之间的数量关系
学情分析	学习基础：本节课的授课对象为七年级学生；学生思维活跃，大都有接触乐器的经历，好奇心强，对于弦乐器的发声原理感兴趣，喜欢小组合作和探索问题 学习困难：项目背景妙趣横生，但是需要一些基本的音阶知识；同时在解决复杂的真实问题中，调动所学数学知识并能加以应用，也是较大的挑战 解决策略：学生以小组为单位展开研究；利用分工合作达到扬长避短的效果，最终完成制作独弦琴的任务；针对学生的差异，提高问题的开放性，通过组间分享、互相启发，取长补短

教学过程

学习任务	学生活动	教师组织	学业要求	设计意图
观看视频，提出问题：观看三段视频演示，观察现象，确定研究问题	1. 学生观看视频演示，认真观察、踊跃发言 观察到的现象：声音由振动产生；旋律由一根弦的振动产生；音调不同，旋律相同；声音音调不同，与水的高度有关，与振动弦长、弦的粗细、弦的松紧有关；等等 2. 学生根据教师的引导，积极思考和回应，确定研究问题	1. 播放演示视频，肯定学生的发言，引导学生从不同的角度观察视频中的现象，并准确描述出来 2. 梳理学生所观察到的现象，总结学生的发言，引导学生进入本节课的主题：研究声音与这些影响因素之间的关系 3. 引导学生由易到难地选择研究对象，最终确定首先研究的问题是声音与振动弦长之间的关系	1. 观看视频，在实际情境中积极观察、思考，发现相关数学问题 2. 体会如何梳理信息（观察到的现象），并提炼出可以研究的问题 3. 尝试简化问题，体会如何从数学的角度研究较为复杂的问题：从简单具体的研究开始，逐渐应用到复杂抽象的问题当中	1. 生活中处处有音乐的影子，从一段动听的乐曲入手，激发兴趣的同时引导学生用数学的眼光观察现象，顺利过渡到后续的课堂环节 2. 学生在教师的引导下，逐步从观察到的现象中提炼出不同声音的影响因素，并首先研究声音与振动弦长之间的关系；体会如何从数学的角度观察生活中的现象，并研究相关问题

续表

学习任务	学生活动	教师组织	学业要求	设计意图
小组实验，记录数据：利用实验器材寻找一组音阶，尝试演奏旋律；测量振动弦长，记录数据，填写数据记录单	1. 以小组为单位，动手实验；小组内讨论，共同找出音阶 2. 记录数据，填写实验数据记录单和电子表格	1. 提出任务：给你一根绳子，能不能通过控制振动的绳长发出不同声音，制作一个独弦琴 2. 下发实验器材，组织学生以小组为单位进行实验 3. 引导各小组明确实验任务和主要步骤；针对各个小组遇到的问题，提供指导；针对各小组集中出现的共性问题进行统一指导，确保课堂有序、高效 4. 组织完成制作独弦琴任务的小组，尝试演奏简单旋律；测量数据，并填写纸质记录单和线上表格	1. 能明确课程任务：制作一个独弦琴，要求在一根绳子上找到音阶，并试着演奏简单旋律 2. 以小组为单位，能合理分工合作，利用下发的实验器材进行实验，找到、标记一组音阶 3. 能准确描述实验过程中遇到的困难或疑惑，能试着找出解决方法或在教师的指导下解决 4. 能准确测量实验数据（声音对应的振动弦长），按要求填写纸质记录单和线上表格	1. 培养学生的问题意识是整个项目式学习的重要部分；面对制作独弦琴的任务，学生可能无从下手；通过把课堂交给学生，让他们以小组为单位动手实践、分工合作，将主要任务分解成小任务 2. 通过下发设计好的实验器材，帮助学生尽可能减少非实验的困难 3. 在小组合作中，引导学生分享自己遇到的困难，培养学生自主提出困惑、通过顺序解决小问题、逐渐完成大任务的能力

模块三　数学项目式学习课例精选

续表

学习任务	学生活动	教师组织	学业要求	设计意图
				该环节还可以发展学生的思维以及语言表达能力；学生需自行经过讨论确定一组音阶，记录弦长数据，培养数学模型观念
实验展示，旋律演奏：选择几个小组作为代表，用独弦琴演奏旋律；其他小组认真欣赏	1. 个别小组进行成果展示，其他小组认真欣赏 2. 未完成实验记录的小组可以继续补充记录	1. 组织小组进行展示；利用多媒体技术将演奏画面实时投屏，增强课堂互动感 2. 提示未完成记录的小组可以利用此段时间完成记录	代表小组演奏旋律，其他小组能认真欣赏	1. 在项目导引课上进行成果展示，一方面可以增强学生的学习成就感和学习兴趣，另一方面可以增强学生完成项目的自信心 2. 项目所展示的独弦琴演奏中各个声音的振动弦长是下一步研究所需的实验数据；此阶段性成果展示充分起到了承前启后的作用，既展现了实验对于乐器制作的启发性，也给进展略慢的小组提供了一定的缓冲时间

151

续表

学习任务	学生活动	教师组织	学业要求	设计意图
观察数据，猜想规律：观察实验数据，从数学的角度对一组声音的振动弦长之间的数量关系进行猜想	1. 学生观察数据，猜想一组音阶内声音对应的振动弦长之间的数量关系 2. 进一步通过计算和估算，猜想振动弦长之间的数量关系，如从加减乘除运算、等差、等比角度等进行猜想	1. 引导学生从数学的角度观察、猜想各小组的音阶对应弦长之间的数量关系 2. 鼓励学生尽可能从多角度进行猜想，如定性观察、定量观察等；根据学生的猜想情况给予问题性质的引导（可能初步涉及统计、数列等观点）	1. 观察、初步分析数据，能够从数学的角度提出简单的数量关系的猜想 2. 通过初步计算和估算，从多角度猜想振动弦长之间的数量关系	学生通过观察数据和初步计算，从数学的角度猜想规律，根据学生的思维发散程度，可能涉及等差、等比、数列、函数等观点的雏形；提升数据处理能力、运算能力、抽象能力；真正通过数学的眼光观察和思考现实世界
动手操作，验证猜想：学生思考、提出验证猜想的方法，选择上述某个猜想，进行初步验证	1. 思考、提出验证猜想的方法，尝试进行验证 2. 选择某个猜想，通过计算数据、测量制作独弦琴，进行简单验证	1. 引导学生思考，提出验证猜想的方法 2. 选择易于课上操作的方法，引导学生选择某个猜想进行验证 3. 组织学生根据选择的猜想，进行一组声音振动弦长的计算；派学生代表再次测量、制作独弦琴，进行验证和总结	1. 能想到一些验证猜想的方法 2. 能根据猜想计算得到一组振动弦长的数据	1. 根据猜想，再次制作独弦琴，进行验证；无论验证的结果中猜想是否合理，都需要课下进行严谨的验证；课上验证环节的目的主要是学生能够在研究过程中体会实验记录—观察猜想—验证猜想这样一般化的数学研究过程，感悟如何用数学研究生活中的问题

续表

学习任务	学生活动	教师组织	学业要求	设计意图
				2. 面对新问题，现在首先要做的是查阅资料，其次是实践计算；但是查阅资料、资料信息的甄别，对于七年级学生来说有点难度；因此设计实验记录—观察猜想—验证猜想的顺序，是在充分考虑七年级学生的学习能力和思维能力的基础上进行综合考量的结果
简要了解古代研究成果：了解中国古代的研究成果	认真倾听教师的介绍，了解我国古代的研究成果	1. 简单介绍律制的概念：一个音阶内各个声音音调与振动弦长之间的数量关系的规律被统称为律制 2. 简单介绍我国古代研究成果 早在战国时期，人们就从数学的角度研究了一组音阶内声音的振动弦长之间的关系，相应的结论被称为三分损益律	根据教师的引导，初步了解我国古代研究成果	1. 三分损益律是目前已知的最早的相关研究成果；介绍我国古代研究成果，在开阔学生眼界的同时，提升他们的文化自信；学生在学习的过程中可以体会到可以将研究的内容运用到实际生产生活中，进一步激发学习动机和兴趣

续表

学习任务	学生活动	教师组织	学业要求	设计意图
		3. 通过针对律制的介绍，增强文化自信，落实学科育人		2. 律制的介绍还能起到抛砖引玉的效果，引导学生初步认识到除了实验之外，还可以通过查阅资料的方式学习前人的结论，增加自己对所研究问题的了解，帮助解决问题 3. 现代社会有多种多样的律制，除了三分损益律外，还有五度相生律、纯律、十二平均律等 值得一提的是，各种律制都有自己的特点和优势，想要了解清楚，必须借助数学知识深入研究
课堂小结，探索兴趣：学生回顾课堂表现，总结收获，思考自己感兴趣的相关话题	1. 学生回顾课堂流程，分享自己的收获和感受 2. 学生发挥想象力，思考感兴趣的相关研究话题，为后续的深入研究做好铺垫	1. 引导学生分享本节课的收获 2. 肯定学生的发言；引导学生从数学的角度梳理本节课的研究思路，总结提升	1. 能主动回顾本节课的经历和收获，积极发言，和他人分享 2. 能主动思考，找到自己感兴趣的相关问题，和他人分享	1. 导引课结束前，再次梳理研究问题的步骤，强化学生的研究思路，为课下相关问题的研究做铺垫

续表

学习任务	学生活动	教师组织	学业要求	设计意图
	相关话题包括但不限于： ①制作其他小乐器，演奏旋律，分享如何在弦上找到音阶的位置 ②弦乐器发声相关原理的研究 ③现在的弦乐器制作中音高如何确定 ④律制及相关研究	3. 引导学生思考自己感兴趣的相关研究话题并积极分享 4. 布置课下任务：以小组为单位，自主选择感兴趣的问题进行研究，下节课展示；结束本节课		2. 布置课下的小组任务，可以考查学生的创造力、小组合作能力和分工能力 有了课上的基础，学生已经初步了解了音高的基本概念，体会到数学在其中发挥的作用；此时可以充分发挥学生的想象力，激励他们深入探究

表 3-72　项目记录单

第_____小组

任务：制作一个独弦琴

1. 通过弹奏不同位置，找到一组声音，演奏一段简单的旋律
2. 记录振动的弦长，猜想每组弦长所满足的数量关系

第一次实验：

不同声音	声音 1	声音 2	声音 3	声音 4	声音 5	声音 6	声音 7	声音 8
振动的弦长（厘米）								

第二次实验：

不同声音	声音 1	声音 2	声音 3	声音 4	声音 5	声音 6	声音 7	声音 8
振动的弦长（厘米）								

第三次实验：

不同声音	声音 1	声音 2	声音 3	声音 4	声音 5	声音 6	声音 7	声音 8
振动的弦长（厘米）								

……

续表

猜想数量关系
猜想 1： 猜想 2： 猜想 3：

七、项目反思

（一）学生反思

1. 项目执行反思

在课上，我们小组想要用一根线弹奏出简单的乐曲，遇到了两个问题。一个是想通过听来判断音高，可大家的乐感不强，实验结果差异特别大，我们不知道哪一组更贴近音阶。所以我们的实验以失败告终。于是我们上网查找一些资料，发现这些资料能帮助我们解决问题。二是想通过移动木片找音，但是移动后发现每一次演奏的声音不准，而且移动木片进行演奏特别麻烦和费力。求助老师后，我们改变了思考方式，不移动木片，而是改变按压线的位置，最终解决了问题。在活动过程中，我们知道了这些好听声音之间的数量关系、学会了新的研究方法：通过查阅资料以及验证尝试。在今后的学习旅程中，这些知识和方法一定会帮到我们。

2. 项目结束反思

课上，观看视频、提出问题、辨别音色时，我们体会到了耐心思考的趣味；在制作独弦琴、标记音调、记录数据时，我们体会到了潜心探究的趣味；在小组合作、群策群力、目标一致、完成任务时，我们体会到了齐心协力的趣味；在分享成果、提出疑问、总结经验时，我们体会到了虚心请教的趣味。

我们知道了如何从数学的角度探索规律，知道了在实验中如何更直观、有针对性地整理数据；我们还明白了在得出结论后不要盲目下定论，要多次验证自己的想法与角度有没有错误。这门课不仅丰富了我们的实践经验，开阔了我们的认知眼界，还让我们发现数学不再是教科书上死气沉沉的知识，而是可以真正落实在日常生活中生机勃勃的经验。它让我们真正领悟到了数学的魅力。

（二）教师反思

1. 项目启动反思

本项目式学习旨在引导学生用数学的眼光观察现实世界，因此通过观看视频的方式引导学生提出问题。为了激发学生的兴趣和探索欲，视频内容是一系列自制的小乐器演奏旋律。实践发现，学生十分踊跃地表达，并且他们观察细致，想法丰富。因此，对于项目启动选用的视频，主题以某一种乐器演奏不同音阶为宜。布置研究任务后，学生往往认为能完成任务，但是不知道如何采取具体的行动。教师通过下发固定好的实验器材，适时引导，尤其针对非数学性的问题，能够帮助学生更快抓住现象背后的本质开展探究。在实验过程中，教师针对各个小组的问题进行有针对性的指导；同时，针对共性问题进行集中指导。两者结合在提高课堂效率的同时能提高学生的课堂参与度。

2. 项目执行反思

经过课堂引导，各小组在选题和开展研究的过程中，能充分运用学过的知识和方法，并能通过网上检索资料的方式进行自主学习。各小组都能基本明确研究路径；组员根据自己的优势，取长补短，分工合作。观察学生检索信息时发现，学生利用关键词检索的能力较弱，需要重点引导。为此应提高学生的电子资源使用能力。另外，由于网上检索出的信息鱼龙混杂，而学生对各类复杂信息的辨别能力较弱，某些错误信息对学生获取知识造成了一定的干扰。教师应针对各小组的选题，提供相应、准确的学习资源，确保学生不走弯路，提高学习效率和效果。

3. 项目结束反思

在该项目式学习中，学生从现实生活中的真实问题出发，利用数学、音乐学科知识，以小组合作的方式，完成制作独弦琴的任务。在活动过程中，学生的数学知识从溯源走向致用，经历了思维发展的完整流程；学生展现出不同于日常的学习动机和更广泛的参与感，自我决策想要学习的内容，真正实现了差异化发展；学生通过发现、提出、分析、解决问题和提高数学能力的同时，提升获得感；学生通过经历完整的研究过程和成果展示获得成就感。教师将不断开发新的选题，在考虑趣味性、实用性、操作性、创新性的基础上，开发更多的数学知识载体；教师将更多关注如何进一步提高学生的参与度，提高课堂效率，提升学生数学学习的动力和信心，尝试和探索数学课堂的更多可能性。

【专家点评】

该项目式学习要求学生具有数学基础知识和简单的乐理知识，非常适合在七年级开展。在源于生活、妙趣横生的任务背景中，在精心设计、环环相扣的教师引导下，学生充分发挥学习的积极性和能动性，实现"我想做，我要学"的愿景，真正呈现出项目式学习课堂的精彩之处。

该项目式学习以音乐学科为背景，让学生完成制作独弦琴的任务。学生经历完整的数学建模过程，了解弦乐器的发声原理，理解数学知识在确定音高过程中的作用，从而完成制作独弦琴的任务。刚开始，教师引导学生观察生活中的现象，让学生提出感兴趣的问题和任务。为完成任务，学生在教师的引导下，设计和经历动手实验、数据收集、猜想关系、验证猜想的环节，以主人翁的视角和身份参与课堂互动。学生经历研究问题的过程，实现思维从具体向抽象发展，形成模型观念；完成制作独弦琴的任务，发展创新意识和应用意识，感悟数学对现实世界的价值，同时体验到团队合作的乐趣。

课例九　探究和模拟浮球矩阵的运动

一、项目概述

我们以中国科学技术馆的"飞天"为切入点，以欣赏—探究—模拟为项目活动设计的主线。学生通过参观中国科学技术馆和查阅文献、视频资料，观察、欣赏美轮美奂的浮球矩阵艺术造型，体会科学技术在现代展厅中的重要作用，发现浮球矩阵的设计要素包括音乐、颜色、灯光、运动控制，在整体设计上追求美观兼具创意。学生能从数学的角度聚焦浮球矩阵的运动控制系统，经历数学抽象的过程，从数学的角度分析浮球矩阵中浮球的位置刻画、图案设计和运动规律。学生通过综合地理、信息技术、劳动技术等多学科知识，用实物模拟浮球矩阵的运动过程，提升综合解决实际问题的能力。表 3-73 为项目概述。

表 3-73　项目概述

项目名称	探究和模拟浮球矩阵的运动
学生年龄段	八年级
涉及学科	数学、物理、地理、信息技术、劳动技术
成果展示方式	1. 以文本或幻灯片的形式汇报探究过程及成果 2. 实物展示
学校	北京理工大学附属中学
指导教师	黄延林、孙娜
执教教师	徐玲玲

二、项目目标

表 3-74 为项目目标。

表 3-74　项目目标

学业发展目标	数学学科	1. 能够用数学的眼光观察浮球矩阵的运动，在真实情境中发现和提出有意义的数学问题 2. 在探究浮球矩阵的运动奥秘过程中，能够从浮球矩阵中抽象出数学的研究对象、核心变量，用数学的思维分析要素之间的关系并发现规律，最后用数学语言表达规律

续表

	信息技术	1. 能够利用网络检索浮球矩阵的相关资料 2. 能够利用幻灯片、表格、文档等完成资料的记录、整理、归纳和汇总，最终完成研究报告 3. 能够利用简单的编程模拟浮球矩阵的运动
	劳动技术	能够选择合适的材料完成浮球矩阵的运动模拟
素养发展目标	真实合作解决问题	1. 在项目计划和执行环节，寻找志同道合的小伙伴组建小组，共同学习必要知识，讨论遇到的困难，合作完成项目探究或模拟任务 2. 在小组研讨和公开展示环节，能够清晰组织信息，适时调整语调、语速，适当使用面部表情和肢体语言，提升语言表达和沟通能力 3. 在小组研讨和公开展示环节，能够认真倾听他人，关注小组成员、教师、同学提出的建议或疑问，并进行及时的反思和反馈
	责任担当	在确定项目探究主题后，能够制订适当的目标和计划，即便遇到困难和挑战也能够积极执行
	批判性思维	1. 能够简明扼要地表达自己的想法和观点，提出有意义的数学问题 2. 能够跳出常规思维，愿意尝试具有挑战性的主题或问题（可能涉及尚未学习的知识） 3. 在探究浮球矩阵的运动奥秘的过程中，能够明确核心问题，运用数学逻辑思维分析问题 4. 在解决问题和实物模拟过程中，不断反思和调整自己的行动，改进产品

三、项目驱动问题

表 3-75 和表 3-76 分别为核心驱动问题和分解驱动问题。

表 3-75 核心驱动问题

核心驱动问题	项目成果	总时长
探究和模拟浮球矩阵的运动	1. 探究浮球矩阵的运动奥秘 2. 实物模拟浮球矩阵的运动	10 周

表 3-76 分解驱动问题

分解驱动问题	主任务	主产品	时长
用数学的眼光观察浮球矩阵的运动，你发现了哪些有意义的数学问题	1. 介绍我了解的浮球矩阵 2. 从数学的角度观察浮球矩阵的运动，提出一些有意义的数学问题 3. 组建小组，明确任务、制订计划及角色分工	1. 以文本或幻灯片的形式梳理对浮球矩阵的认识 2. 记录所提出的数学问题，并制订初步探究计划	2 周

续表

分解驱动问题	主任务	主产品	时长
对于浮球矩阵运动中的数学问题，你做了哪些探究和思考	对确定的探究主题进行深入的研究和讨论，记录探究主题、思考过程、遇到的困难及为突破困难所做的尝试	以文本或幻灯片的形式记录研究过程	6周
请以小组为单位展示项目活动成果	整理并分享项目实施的过程，包括探究主题的确定、探究过程、探究结果以及项目实施中遇到的问题和解决方案等	1. 成果展示幻灯片 2. 实物模拟浮球矩阵的运动	2周

四、项目式学习实施过程

（一）入项活动

教师播放2～3段浮球矩阵的视频，通过引导学生观察、欣赏美轮美奂的浮球矩阵艺术造型，激发学生想要进一步了解浮球矩阵的欲望。

持续时间：1天

教学活动：

①参观中国科学技术馆"飞天"天幕，观看浮球矩阵的运动。

②网络检索浮球矩阵相关视频、文本资料。

③将拍摄的照片、收集的有效信息进行整理，以幻灯片的形式呈现。

（二）分解驱动问题1

问题：用数学的眼光观察浮球矩阵的运动，你发现了哪些有意义的数学问题

持续时间：2周

教学活动：

①假期同学们都去过中国科学技术馆，观摩了浮球矩阵的运动。有些同学还通过查阅资料了解了浮球矩阵。现在就请同学们分享你所了解的浮球矩阵。（请同学们分享并相互补充。）

②我们欣赏了这么多美轮美奂的艺术造型，也通过查阅资料了解了一些浮球矩阵的运动原理。你能从数学的角度去观察浮球矩阵的运动，提出一些可以研究的数学问题吗？

③小组成员讨论确定一两个准备探究的数学问题，确定小组成员的分工——组长、记录员、汇报员等。每个人都是小组的重要研究员，都应积极参与讨论，学会倾听、记录、思考、质疑、合作、探究、展示。

设计思路：以社会生活中的热点现象为切入点，通过实地观摩和网络检索资料了解浮球矩阵及其运动原理，在此基础上结合现有知识储备，尝试提出一些有意义的数学问题，并建立同伴互助小组，为后续的深入探究做好规划。此过程旨在提升学生检索信息、整合信息的能力，初步发展学生会用数学的眼光观察现实世界的核心素养。

相关资源：中国科学技术馆"飞天"天幕展厅、浮球矩阵的相关资料、幻灯片。

（三）分解驱动问题 2

问题：对于浮球矩阵运动中的数学问题，你做了哪些探究和思考

持续时间：6 周

教学活动：

1. 完成初步探究

①小组成员对所选定的主题进行独立思考和探究，记录自己遇到的困难或探究过程中的疑惑。

②由组长组织适时的组内分享和讨论，解决疑惑和克服困难，相互启发，丰富探究成果。

2. 完善探究结果

①适时地寻求教师的指导和帮助，克服组内未能突破的困难，根据教师的建议进一步完善探究成果。

②以幻灯片的形式整理、汇总组内探究成果。

设计思路：学生是探究活动的主体，应主动调用已有知识解释浮球矩阵的运动规律，积极学习新知识以解决探究中遇到的新问题。学生应在分析和解决问题的过程中发展思维，积累活动经验。

相关资源：呈现探究过程和探究结果的文本或幻灯片资源。

（四）分解驱动问题 3

问题：请以小组为单位展示项目活动成果

持续时间：2 周

教学活动：

①以小组为单位展示探究成果和实物模拟成果。

②教师和学生分别对各小组的汇报进行点评和提问。

设计思路：成果展示课为学生提供分享展示的平台，各小组分享探究主题、探究过程、探究结果以及在项目实施中遇到的问题和相应的解决方案。小组间相互学习，丰富项目式学习的成果。通过分享环节，小组成员分工合作、密切配合，增强自信心，提高小组的凝聚力。教师应利用提问、质疑环节，培养学生的批判性思

维，提升学生的思辨能力。

相关资源：以文本或幻灯片形式呈现的探究成果。

五、项目式学习评价方案

表 3-77 为项目式学习评价方案。表 3-78 和表 3-79 分别为成果展示互评表和成果展示评价表。

表 3-77　项目式学习评价方案

主要产品或表现	素养目标	证据	评价方式	评价时机
提出数学问题	能用数学的眼光观察浮球矩阵的运动，在真实情境中发现和提出有意义的数学问题	学生能根据实际情境，敢于发现和提出有意义的数学问题	1. 评价表 2. 教师反馈	形成性评价
生成探究成果	在探究浮球矩阵的运动奥秘过程中，能从浮球矩阵中抽象出数学的研究对象、核心变量，用数学的思维分析要素之间的关系并发现规律，最后用数学语言表达规律	学生能将现实情境数学化，综合运用数学和其他学科的知识从不同的角度寻求分析问题和解决问题的方法，能够运用几何直观、逻辑推理等方法解决问题 学生在与他人合作交流解决问题的过程中，能够严谨、准确地表达自己的观点	1. 评价表 2. 教师反馈	形成性评价
模拟浮球矩阵	能利用简单的编程或选取合适的材料模拟浮球矩阵的运动	程序或实物模拟	1. 评价表 2. 教师反馈	形成性评价、总结性评价
汇报报告或幻灯片	能利用幻灯片、表格、文档等完成资料的记录、整理、归纳和汇总，最终完成研究报告	报告或幻灯片清晰完整地记录项目活动的全过程	1. 评价表 2. 教师反馈	形成性评价、总结性评价

表 3-78　成果展示互评表

组名：

评价内容	评价标准			评分
	好	较好	一般	
探究主题的确定（20 分）	能够发现和提出有意义的数学问题，并能够完整陈述问题，对探究实施步骤、时间节点等有清晰的规划（17~20 分）	能够发现和提出有意义的数学问题，能够清晰表述所提问题中的关键信息，对探究实施步骤尚无明确规划（13~16 分）	能够在他人的启发下，对他人提出的数学问题做出独立思考，有意愿继续完成探究（8~12 分）	
探究内容的深度与广度（30 分）	能够对所提出的问题做较为深刻且完整的探究，探究过程有逻辑性；能够准确运用相关数学知识或其他学科知识解释现象和规律，在此基础上发展新知识（28~30 分）	能够对所提出的问题做完整的探究，探究内容具有一定的关联性；能够运用已学数学知识解释运动规律和现象（23~27 分）	能够应用已学数学知识对选定的主题做探究，探究的内容较为浅显（18~22 分）	
成果梳理的完整度（30 分）	能够清晰准确地表达项目开展的全过程，完整有序地梳理探究主题、过程和成果；能够充分反思探究过程中遇到的问题和解决方案，总结经验（28~30 分）	基本完整地表达探究主题、过程和成果，部分探究成果不完整；能够反思探究过程中遇到的问题，但没有解决方案（23~27 分）	只有探究主题和探究成果，缺少对探究过程的梳理；没有反思探究过程中遇到的问题（18~22 分）	
演讲的生动性（20 分）	演讲时声音响亮，发音清晰，易于听众理解；能够创造性地保持听众参与其中；能够完整解答他人的提问或质疑，表现出对概念和问题的自信（17~20 分）	演讲时音量略小，但能够保证听众听见；与听众的互动较少；能够解答他人的部分提问或质疑（13~16 分）	演讲时音量很小，不易于听众理解；与听众基本无互动；未能解答他人的提问（8~12 分）	

表 3-79　成果展示评价表

组别	内容	汇报交流	倾听	互动	创新
	主题明确，内容丰富深刻，结论完整	观点阐述明确，汇报条理清晰，声音响亮，大方得体	认真倾听，做好记录	汇报中设计互动环节，回应他人的提问或质疑，组员互相配合	成果有特色，展示有创意
1	☆☆☆☆☆	☆☆☆☆☆	☆☆☆☆☆	☆☆☆☆☆	☆☆☆☆☆
2	☆☆☆☆☆	☆☆☆☆☆	☆☆☆☆☆	☆☆☆☆☆	☆☆☆☆☆
3	☆☆☆☆☆	☆☆☆☆☆	☆☆☆☆☆	☆☆☆☆☆	☆☆☆☆☆
4	☆☆☆☆☆	☆☆☆☆☆	☆☆☆☆☆	☆☆☆☆☆	☆☆☆☆☆
5	☆☆☆☆☆	☆☆☆☆☆	☆☆☆☆☆	☆☆☆☆☆	☆☆☆☆☆

六、项目实施的关键性课例

表 3-80 为项目实施的关键性课例一。表 3-81 为项目实施的关键性课例二。

表 3-80　项目实施的关键性课例一

入项活动	
驱动问题	探索浮球矩阵的运动奥秘
学习目标	1. 通过参观中国科学技术馆和查阅资料，初步了解浮球矩阵 2. 能够用数学的眼光观察浮球矩阵的运动，提出有意义的数学问题
学习重难点	学习重点：介绍浮球矩阵及其工作原理，观察浮球矩阵的运动，从浮球的位置刻画、图案设计和运动规律等方面提出有意义的数学问题 学习难点：准确、具体地描述所提出的数学问题
学情分析	1. 具备的基础(知识、能力) 学生认识到浮球矩阵是一个动态艺术品；从他们制作的数学小报可以看出，他们能够说出浮球矩阵的名称，在收集的图片中能够辨认出浮球矩阵；他们能够利用网络获取相关信息，重新组织，对其进行简单的描述 学生已经会用代数式、平面直角坐标系、平面几何图形和图形的位置、运动(平移和轴对称)与坐标等知识解决相关的数学问题 2. 可能存在的障碍 因为浮球矩阵涉及很多学科知识，如机械原理、控制系统——确实涉及丰富的数学知识，相关问题对于学生来说并不是现有课程可以解决的，所以学生从浮球矩阵带来的视觉震撼中提出现阶段可以解决的数学问题是有困难的 针对学生提出的问题，不是运用具体哪一章节的知识，而是要调动已经学习或者还未学习的知识，甚至调动其他学科的知识综合起来解决 平时只重视解题的学生会有畏难情绪，因为他们面对的是真实情境，所有条件都需要自己从实际情境中挖掘，没有可参考的答案，探索的方向和结论存在不确定性

续表

教学过程

学习任务	学生活动	教师组织	学业要求	设计意图
介绍我了解的浮球矩阵	1. 课前准备 ①学生利用假期时间参观中国科学技术馆的"飞天",观摩浮球矩阵的运动 ②学生通过查阅资料进一步了解浮球矩阵及其工作原理 2. 课堂活动 ①学生分享自己了解的浮球矩阵 ②学生相互补充,丰富认识	1. 布置任务 ①参观中国科学技术馆"飞天" ②查阅资料进一步了解浮球矩阵及其工作原理 ③制作幻灯片,总结对浮球矩阵的认识 2. 课堂组织 ①简单介绍该项目式学习,明确学习主题及核心任务 ②适时点评,选择观点不同的学生进行分享	1. 能够利用拍摄、查阅文本资料、视频资料等方式获取相关信息 2. 能够在众多资料中提取重要信息,利用文本、绘图、制作幻灯片等方式整理资料	利用学生参观中国科学技术馆的浮球矩阵天幕以及查阅资料了解各类展厅、博物馆、娱乐场所、大型舞台的展览中的浮球矩阵的运动过程,显示出这一任务和现实生活的关联性,吸引学生的注意力,激发学生的研究热情,提升学生获取信息和资料的能力
用数学的眼光观察浮球矩阵的运动,提出有意义的数学问题	自主思考浮球矩阵中有意义的数学问题;同伴交流分享,确定数学问题的主题词,寻找志同道合的同伴 学生提出的数学问题大体上可以分为三类 1. 静态的图案 ①计算机是如何计算出那些图案的 ②一共可以排列出多少种三角形或正方形	1. 明确任务——观察浮球矩阵的运动,提出有意义的数学问题 2. 引导学生用简洁的语言表达在浮球矩阵运动中发现的数学问题 3. 引导学生对相近的数学问题进行归类	1. 能够在已有资料的基础上独立思考,提出数学问题 2. 能够认真倾听他人的想法,丰富提出问题的角度,受启发后提出有意义的数学问题	希望学生能够用数学的眼光观察浮球矩阵的运动,提出有意义的数学问题;学生间相互启发,不断丰富、完善所提出的数学问题;由于所提的问题具有一定的挑战性,学生要拥有参与小组合作的想法,以便完成任务并取得成功

续表

学习任务	学生活动	教师组织	学业要求	设计意图
	③如果三角形的边长增加一个球,形成的新三角形需要增加几个球 ④有多少种排列方式(805个球能产生多少图案) ⑤图形放大时,小球个数的变化规律是什么 2. 描述位置 ①如何用数学语言准确表达每个球的位置 ②组成图形时是否可以利用特定的表达式得到每个球的高低信息 3. 运动 ①运动的规律是什么 ②从一个图案到下一个图案,小球怎样运动			
组建小组、明确任务、制订计划及角色分工	1. 通过提出的数学问题的关键词,寻找志同道合的同伴组建小组 2. 小组成员讨论确定一两个准备探究的数学问题,讨论探究问题的思路和关键时间节点(独立思考时间、集体研讨时间及与教师研讨时间等)	1. 深入分析每组学生的知识点,引导学生找出探究思路以及明确小组的探究重点(要完成这个任务应该怎么做,需要解决哪些问题)	1. 能够主动向他人解释自己提出的数学问题,积极组建小组 2. 能够主动参与讨论,确定探究的主题和思路,共同设计解决问题的方案	学生基于提出的问题展开探究,学生是活动的主体,能够更加投入;项目的开启给予学生更多的自由来讨论、探究,以解决与浮球矩阵运动相关的问题;学生自主规划项目进展的关键节点,推动项目实施

167

续表

学习任务	学生活动	教师组织	学业要求	设计意图
	3. 确定小组成员的分工——组长、记录员、汇报员等，每个人都是小组的重要研究员	2. 通过参与小组研讨，结合学生的思考引导学生进行知识点的总结和归纳，提炼每个小组的知识点核心内容，包含的知识领域以及涉及的哪个阶段哪个学科内容，最终确定小组的探究主题 3. 激励学生利用课余时间进行探究和讨论，形成初步探究成果	3. 能够根据自己的优势主动承担小组分工中的工作，在研究过程中学会倾听、记录、思考、质疑、合作、探究、展示	

表 3-81 项目实施的关键性课例二

成果展示课	
驱动问题	以小组为单位展示项目活动成果
学习目标	1. 以小组为单位，回顾发现、提出、分析、解决问题的思考过程，反思解决问题的方法和结论，逐步形成批判性思维，发展创新意识 2. 能够较好地理解他人的思考方法和结论，适时提出疑问或发现新的有意义的数学问题
学习重难点	学习重点：清晰完整地阐述项目实施的全过程 学习难点：反思与质疑
学情分析	各小组已经对所选定的主题做了丰富、深入的思考和探究，形成了探究报告 每位学生的学业基础和理解能力不同，在不能与研究者经历完全相同的思考过程的情况下，倾听他人的报告具有一定的挑战性

续表

第1课时的教学过程					
学习任务	学生活动	教师组织	学业要求	设计意图
把实际问题进行抽象	学生以小组为单位汇报阶段性探究成果 主题：刻画浮球矩阵的方式	思考：回顾探究过程，可以把浮球矩阵抽象成哪些形式 小结：为了刻画浮球的空间位置，特别是高度，联想到了分层设色地形图，创造性地发明了灰度图；受此启发，用一张张坐标纸表示不同高度；进一步发现，每一层坐标纸也可以用一个数来表达，这样就产生了三维坐标系	1. 掌握分层设色地形图表示地形的方法 2. 能够理解并灵活应用平面直角坐标系，结合地理知识建立多层坐标系 3. 主动收集、查阅资料，了解空间坐标系（三维坐标系）	研究浮球矩阵，提出数学问题的第一步是把浮球矩阵进行抽象；因为是三维空间的浮球，所以学生在抽象过程中会遇到困难；引导学生查阅资料，类比联想，结合着推测能够创造性地发明一些有数学味道的模型
利用网格格点研究平面图形的运动规律	主题：浮球矩阵——平面图形运动规律	过渡语：同学们把浮球最终抽象成三维坐标系中的一个个点，应怎样模拟点的运动呢 小组做了初步研究，看看他们的阶段成果	1. 在平面直角坐标系中，能写出一个已知顶点坐标的多边形沿坐标轴方向平移一定距离后的顶点坐标，知道对应顶点坐标之间的关系	感知描述平面图形运动和规律的方法；利用已知的数学结论解决格点中的问题

续表

学习任务	学生活动	教师组织	学业要求	设计意图
		利用网格格点研究平面图形的运动规律 小结：比起三维图形，研究平面图形更为简单，只需要借助平面网格即可 利用网格，我们看到正方形和矩形的平移与旋转；在研究过程中，使用勾股定理确定用格点可表达的边长，用点的坐标平移实现动态效果；在旋转方面，创造性地利用圆找格点的方法，构造正方形，并且成功迁移到矩形	2. 借助已有经验，探究多边形沿某一确定方向平移后顶点的位置是否能落在格点上 3. 利用旋转的性质，探索正多边形和圆的中心对称性	
提出新的数学问题	学生讨论并发言，确定自己的研究项目	提问：请说一说，经过前面小组的启发，你能提出哪些数学问题 总结：在本节课，同学们都找到了研究的项目；请你调动储备知识积极研究，遇到困难随时找老师 希望下次能看你所在小组的汇报	在活动中发展发现和提出数学问题的能力	经过小组汇报，学生看到了研究过程和成果，激发了学习兴趣，提高了提出问题的能力

续表

第 2 课时的教学过程					
学习任务	学生活动		教师组织	学业要求	设计意图
探究浮球矩阵的运动	主题1：浮球矩阵中的图案放大过程中浮球数量的变化规律 探究1：以正方形为例开始探究 以此类推，第 5 个图案中浮球的个数是＿＿＿＿，第 n 个图案中浮球的个数是＿＿＿＿ | 图案编号	1	2	3	4	5 | |---|---|---|---|---|---| | 小球个数 | 4 | 9 | 16 | 25 | | 类似地，学生可以研究矩形放大过程中浮球数量的变化规律 探究2：平行四边形放大过程中浮球数量的变化规律 || 梳理学生的探究过程，分析提炼研究的基本思路和方法 小结：从提出问题到确定研究对象；从图形中发现规律，用代数式表达 小结：确定研究对象的特征；分析图形的变化特点；获得小球数量的变化规律 小结：发现图形面积的变化规律；从运动的角度观察图形的变化过程	1. 通过数学的眼光，可以从现实世界的客观现象中发现数量关系和空间形式，提出有意义的数学问题 2. 能分析具体问题中的简单数量关系，并用代数式表示 3. 能准确应用平行四边形、矩形、菱形和正方形的判定和性质 4. 了解图形的位似，知道利用位似可以将一个图形放大或缩小	学生通过从实际情境中发现和提出有意义的数学问题，逐步形成会用数学的眼光观察现实世界的核心素养 在建立数学模型的过程中，逐步形成会用数学的思维思考世界的核心素养 在解释数学结论的现实意义过程中，体会数学表达的简洁与精准，逐步形成会用数学语言表达世界的核心素养 在尝试和调整解决问题方案的过程中，逐步体会研究数学问题的条理性和严谨性

续表

学习任务	学生活动	教师组织	学业要求	设计意图
	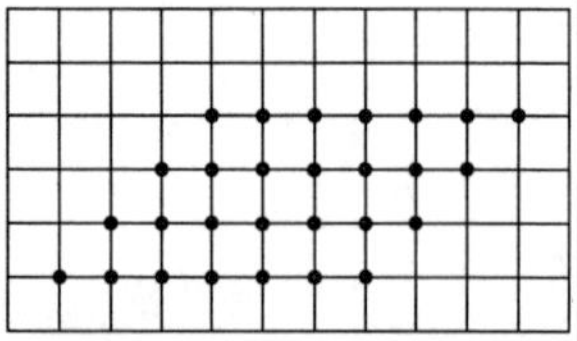 学生一起在下图中画一画第4个平行四边形,并记录图中浮球的数量_____ 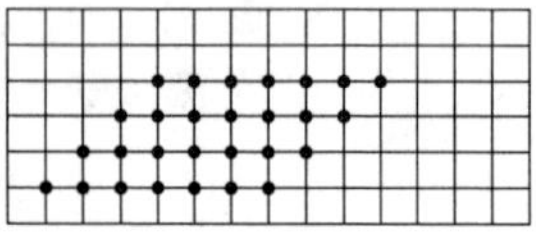 图案编号 | 1 | 2 | 3 | 4 | 5 小球个数 | 6 | 15 | 28 | | 探究3:利用浮球矩阵设计菱形的变化过程 学生一起在网格中画一个菱形 学生介绍做法: 学生互动与点评	小结:从菱形的轴对称性出发构造菱形		

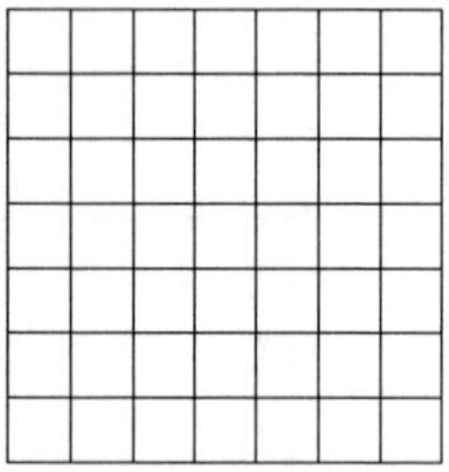

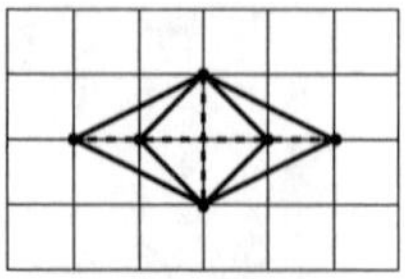

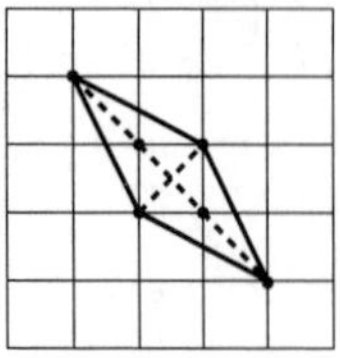

续表

学习任务	学生活动	教师组织	学业要求	设计意图
	主题2：浮球矩阵中浮球的位置刻画 探究1：建立平面直角坐标系，描述浮球的位置 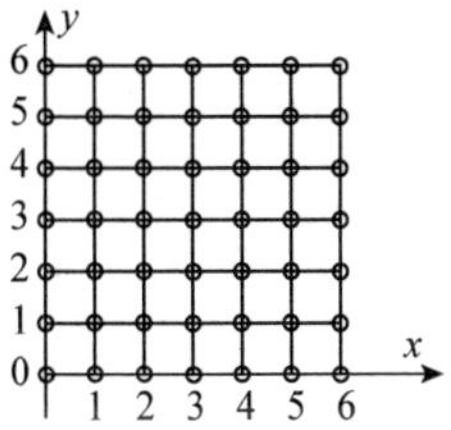 探究2：轴对称图形的坐标表示 ①当对称轴是坐标轴时，如下图 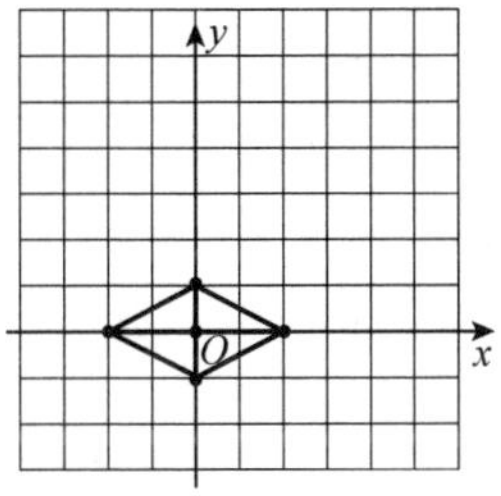 ②当对称轴是平行于坐标轴的直线时，如下图 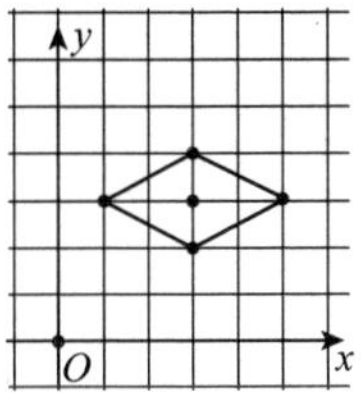 学生互动与点评	梳理学生的探究过程，分析提炼研究的基本思路和方法 小结：从实际问题到坐标表示	1. 能建立适当的平面直角坐标系，描述物体的位置 2. 会用坐标表达图形的变化、简单图形的性质（如轴对称性），感悟通过几何建立直观、通过代数得到数学表达的过程 感悟数形结合的思想，会用数形结合的方法分析和解决问题	学生能够主动利用已学知识解释实际问题中的数学现象，尝试用数学语言刻画实际问题中的浮球位置 学生能够利用坐标表示刻画轴对称图形的坐标特征，最终达到简化实际问题中浮球位置刻画的目的 学生能够完成发现问题、分析问题和解决问题的全过程，发展用代数方法解决几何问题的能力
	主题3：浮球矩阵中的直线型图案中的坐标关系 探究：某条直线上点的横纵坐标关系	小结：从特殊到一般；从单一直线到平行直线；将未知转化成已知	1. 能够利用从特殊到一般的方法分析问题	鉴于前面介绍的图形多为直线型，因此确定研究问

173

续表

学习任务	学生活动	教师组织	学业要求	设计意图
	今天要研究的问题：下图中的直线上点的横纵坐标关系 利用刚探究过的问题可以看出，过原点的直线更容易探究；因此可以将直线向下平移 6 个单位长度，使点 A 位于原点 O 的位置，由此得到点 $A'(0, 0)$，$B'(2, -3)$，$C'(4, -6)$ | x	0	2	4 | |---|---|---|---| | y | 0 | -3 | -6 | 过原点的直线上点的纵坐标与横坐标的比都是常数，上表中 y 比 x 的值为 $-\dfrac{3}{2}$ 因此，过原点的这条直线为直线 $y = -\dfrac{3}{2}x$ 学生互动与点评		2. 能利用运动变化的观点看直线的形成过程，进而获得直线上点的横纵坐标关系 3. 能识别简单问题中的常量和变量，并能找出变量之间的数量关系及变化规律，形成初步的抽象能力	题——探究某条直线上点的坐标特征，以达到简化问题的目的 在探究直线上点的坐标特征时，学生从特殊到一般，先探究过原点的直线上点的坐标，通过平移探究不过原点的直线上点的坐标 最后，学生从具体的问题解决中概括出一般的结论，获得直线上点的坐标的一般表达 在探究课和展示课中，学生介绍了两种探究方法：①能够从运动的观点看直线——直线是由点沿着特定方向平移形成的，用文字语言表述直线上点的平移过程

续表

学习任务	学生活动	教师组织	学业要求	设计意图
				中坐标的变化规律，并用符号语言表示直线上任意一点的横纵坐标之间的关系 ②化未知为已知，将不过原点的直线通过平移转化成过原点的直线，进而利用平移关系获得结论
模拟浮球矩阵的运动	学生：由于浮球矩阵是一个方阵，如果把方阵中的每一行作为一个研究对象，我们模拟某一行的浮球运动，那么当所有行做同样的运动时，空间中的动态效果就可以呈现出来了 我们将5个浮球连成一排，用每个电机控制一个浮球的运动；当设定的速度不同时，浮球就可以呈现曲线型运动效果	点评：学生思考的亮点是能够在实践中做降维处理，研究浮球的单轴曲线运动	能够借助现有工具实现浮球矩阵的运动模拟	学生通过动手实践模拟浮球矩阵的运动，初步发展了综合实践能力
	学生：我们组设计的是简易版的浮球矩阵；初始状态时浮球都在同一平面上；将橡皮泥固定在每根旋转轴的三个位置上，以改变浮球的运动速度；经过相同时间的转动，浮球最终呈现出曲线造型的状态	点评：学生思考的亮点是实现了微型浮球矩阵的动态模拟；不足之处在于旋转轴的粗细固定，只能实现一种造型		

175

七、项目反思

（一）学生反思

1. 项目执行反思

模拟一组：我们被浮球矩阵美轮美奂的变换深深吸引，想要亲手设计一个电动的浮球矩阵模型。在着手准备的过程中，我们发现要想制作一个完整的浮球矩阵绝非易事。一是所需材料昂贵，二是运动控制复杂。在这种情况下，我们决定化繁为简，先做一个单排的浮球矩阵看看效果。在制作的过程中，我们还是遇到了很多麻烦。例如，我们发现浮球的选择很有讲究。太轻的球在运动中会发生前后摇摆，影响呈现效果；太重的球对电机运转来说是挑战。因此，选择合适材质的小球才能实现预期的效果。通过这次模拟，我们知道要想完成一件大事，必须从每一件小事、每一个细节做起，脚踏实地才能精益求精。

2. 项目结束反思

探究三组：回顾项目探究的全过程，小组内所有成员的相互鼓励和督促让我们在每一次遇到困难时都选择了勇往直前。老师耐心专业的指导和小伙伴的智慧碰撞让我们从混沌懵懂到逻辑清晰，从一个小小的想法生长出丰富的探究成果。在这个过程中，我们体会到了用已有的知识去一步步解释未学的内容的快乐，体会到了深度思考的乐趣。特别是在探究某条直线上点的横纵坐标关系时，我们的想法不断深入，从而对平面直角坐标系中的直线有了更深的认识。在完成数学问题的探究后，我们能更快地定位需要运动的浮球，真正体会到了数学的实用价值。

（二）教师反思

1. 项目启动反思

项目式学习是以项目活动为外显组织形式，以知识发展和能力培养为内在要求的学习方式。因此在选择项目主题时，教师需要考虑为学生提供真实的问题情境，兼顾数学知识学习和能力发展，在活动中关注数学学习的过程性和活动经验的积累。

确定项目主题后，教师通过备课组内研讨，预设了学生可能提出的数学问题，梳理了项目式学习的三条主线——情境主线、知识主线和素养主线，初步确定了项目式学习的目标。但实际实施过程中发现，学生的思维活跃、发散，能够提出超出教师预期的数学问题，对教师的临场应变能力要求较高。教师首先要能够理解学生表述不完整的问题，提炼问题中的关键信息，帮助学生不断完善问题的表述；其次要引导学生聚焦具体问题展开探究。教师应在项目正式启动前，在部分学生中做调研，了解他们的真实想法，为项目式学习的开展做充分的准备。

2. 项目执行反思

在项目导引课的迭代过程中，教师不断收集、整理学生提出的数学问题，并对问题进行分类，最后聚焦三类问题——位置刻画、图案设计和运动控制。这样在学生提出想法时，教师就能够游刃有余地应对。

在探究浮球矩阵运动中的数学问题时，教师要全面了解班级内各小组的探究主题、研讨计划等，协调指导时间，给予及时的指导和鼓励，促使学生保持探究热情，在项目周期内完成探究活动任务，收获成功的体验。对于跨学科的研究主题，教师需要向其他学科教师请教相关问题，查阅文献资料，学习相关内容，以期在学生遇到困难时给予适时的帮助。

在项目探究课的迭代过程中，教师可以引导学生聚焦部分探究主题。一方面，教师能够在一定程度上节省指导时间，提高效率；另一方面，学生在相对集中的主题下完成探究活动，能够在倾听他人的汇报中收获共鸣、启迪思维。

3. 项目结束反思

探究和模拟浮球矩阵的运动是真实的任务。这种真实性体现在两个方面：一是问题来源于现实世界；二是问题的提出和探究基于学生真实的认知基础。学生经历发现与提出问题、分析与解决问题、分享探究的全过程，凸显了自身的主体地位。在解决问题的过程中，学生能够主动运用地理知识，将其类比、迁移到数学问题中，创造新的数学模型，主动运用计算机编程、劳动技术、物理的方法模拟浮球矩阵的运动，充分体现了项目式学习的跨学科特点。

在项目实施过程中，教师发现项目式学习对学科学习有促进作用。项目探究的过程能促进学生对概念性知识的更深层次理解和应用，增强学生的投入度，激发学生学习数学的热情。参与项目汇报的学生在平时的数学课堂上也变得更加专注，并能够适时地提出一些有意义的数学问题，提升了学习数学的自信心和成就感。

【专家点评】

在参观科技馆的过程中，教师发现科技馆的浮球矩阵美观、有创意又充满科技感，对学生很有吸引力，调动了学生的学习热情。在这一真实的情境中，学生自主发现和提出合适的数学问题，关注自身的认知基础，发展了用数学的眼光观察世界的能力。

在数学问题的探究中，学生不仅能够运用学过的数学知识——平面直角坐标系、平行四边形的性质、轴对称图形的坐标特征等解决问题，还能够主动运用参数方程解决同一直线上点的横纵坐标关系。学生不仅运用知识解决问题，而且在解决问题的过程中学习新知识，很好地发展了探究数学问题的能力。同时，学生的基础不同，对问题的研究深度不同，学生在学习过程中的收获也不同。这让我们看到了不同层次学生的发展和进步。

在成果展示环节，我们看到小组内的成员性格各异，知识能力基础、交流表达能力各有千秋。他们发挥各自的优势，分工明确又相互支持，把小组的研究成果充分展示出来，特别是代表小组上台发言的学生高度投入、信心满满。这对于学生来说是一种积极的、正向的知识传递和学习引领，很好地培养了学生的合作、交流、展示、反思能力。

总体来说，浮球矩阵给我们展示了不一样的数学课，展示了更有数学味道的数学课。

课例十　体育学科中的数学奥秘
——运动强度对心率的影响

一、项目概述

在现代生活中，大家越来越重视运动锻炼，希望通过运动锻炼来提升自己的身体素质，保持健康的生活方式。媒体中关于运动与健康的相关报道也比较多。为了更加聚焦项目式学习的研究，学生将研究主题定为运动强度对心率的影响。在导入课中，学生猜想运动强度越大，心率越大。为了证实自己的猜想，学生通过设计合理的实验进行验证。在探究课中，学生指出实验的开展需要选取合适的运动项目；这项运动方便更多样、更全面地收集数据。因此我们选择了体育技能课上的赛艇这个运动项目。接下来，学生通过讨论研究哪些数据可以定义运动强度，通过建立运动强度与心率的函数模型来分析男生、女生的整体数据，通过折线图来分析男生、女生的个体数据，最后得出相应的结论、反思及改进建议。表 3-82 为项目概述。

表 3-82　项目概述

项目名称	体育学科中的数学奥秘——运动强度对心率的影响
学生年龄段	八年级
涉及学科	数学、体育
成果展示方式	运动强度对心率的影响的研究成果展示分享会
学校	中国人民大学附属中学西山学校
指导教师	刘祥志
执教教师	唐文静

二、项目目标

表 3-83 为项目目标。

表 3-83　项目目标

学业发展目标	数学学科	1. 能够借助统计的相关知识在解决实际问题中收集、整理、描述和分析数据 2. 能够借助函数图像，描述并分析运动强度与心率这两个变量之间的变化关系 3. 通过建立合适的模型和跨学科的相关知识来解决实际问题 4. 在实践探索中体验学知识、用知识，从而激发学习兴趣和探索欲望，发展数学思维

续表

素养发展目标	体育学科	1. 通过查阅相关资料进一步了解运动与健康之间的关系 2. 了解赛艇课中划船机的运动要求，能够利用满分系统收集相关数据 3. 通过项目的研究给予健康运动的合理建议
	真实合作解决问题	1. 能够创建任务清单，共同制订目标与计划 2. 能够分配团队角色，分工合作，与团队成员交流、讨论、解决矛盾和争端
	责任担当	在项目实施过程中，勇于迎接挑战，培养积极向上的心态，遇到困难和挫折时能够坚持不懈、持之以恒
	批判性思维	在项目实施过程中能够不断反思和调整自己的行动
	有效沟通	1. 在讨论阶段能够深度倾听，尊重他人，关注团队成员提出的想法，并进行反思与反馈 2. 在展示阶段能够清晰地组织信息，掌握演讲技能
	技术运用	1. 能够使用表格进行数据处理 2. 能够使用 GeoGebra 软件进行函数的拟合

三、项目驱动问题

表 3-84 和表 3-85 分别为核心驱动问题与分解驱动问题。

表 3-84　核心驱动问题

核心驱动问题	项目成果	总时长
运动强度对心率有什么影响	形成运动强度对心率的影响的研究报告，为大家的运动锻炼提供合理的建议	4 周

表 3-85　分解驱动问题

分解驱动问题	主任务	主产品	时长
如何制订实验计划	1. 确定实验运动项目 2. 明确需要准备的事项 3. 利用满分系统收集相关数据	1. 选取赛艇运动作为实验运动项目 2. 数据采集的前期沟通与准备工作 3. 利用满分系统收集心率、功率、时间、桨频等数据 4. 利用表格分别整理男生、女生的数据	1 周
运动强度可以通过收集到的哪些数据来定义	1. 分组讨论运动强度的定义方式 2. 讨论交流，确定用哪个量来定义运动强度	利用功率×桨频来定义运动强度相对更加合理	1 周

续表

分解驱动问题	主任务	主产品	时长
建立哪些数学模型来帮助分析问题	1. 数据如何处理 2. 为了达到分析的目的，可以建立哪些数学模型	1. 将收集到的数据进行处理得到相对应的运动强度的数据列 2. 通过拟合数据建立一次函数模型，进行数据分析	1周
如何展示和推广成果	准备展示成果	1. 各小组整理实验的实施过程及遇到的问题、解决方案和成果，并完成幻灯片的制作 2. 完成总结性评价	1周

四、项目式学习实施过程

（一）入项活动

问题：研究运动对健康的影响聚焦在什么方面

持续时间：1天

教学活动：

①引导学生查阅运动与健康关系的相关资料和文献。

②组织学生讨论：运动对健康的影响可以从哪些方面来关注？我们将项目研究的主题聚焦在什么方面？

（二）分解驱动问题 1

问题：如何制订实验计划

持续时间：1周

教学活动：

①引导项目小组通过讨论、交流，明确项目研究主题为运动强度对心率的影响，同时引导学生了解研究这类问题的一般思路，先猜想、再验证。学生根据自己的生活经验猜想运动强度越大，心率越大。为了证实自己的猜想，学生需要设计相关实验。

②引导学生去分析实验如何开展、大致经历哪些过程、需要做哪些准备。学生在教师的引导下首要考虑的是选择一项合适的运动项目来进行实验。教师引导学生分析这项运动所应具备的特点，让学生经过探讨知道应当具备方便监测和能够获得很多的数据这两个特点。为方便监测，就需要这项运动持续时间长，最好能够有线上系统。为了获得更多的数据，则需要参与的人数多。结合这些特点，学生考虑赛艇项目。它通过划船机上的满分体能系统，借助机器上的平板电脑来显示运动的相

关数据。

③引导学生思考：系统中提供了那么多的指标数据，我们是收集全部还是收集部分？如果是收集部分，那我们收集哪些？学生根据项目主题思考、分析，最终确定收集心率、功率、运动时间和桨频这四个量的数据。

④引导学生思考：如何整理这些收集到的数据为数据分析做准备？

设计思路：聚焦项目的问题后，教师开始引导学生思考如何开展问题的研究，从研究对象的选择到数据的收集，再到数据的整理，让学生感受实际问题研究的基本思路，培养学生用数学的知识解决实际问题的意识。

相关资源包括：①运动与健康关系的相关文献和报道。②跟赛艇老师学习关于赛艇项目的专业性知识。③需要得到全班的全力支持，保证数据的收集全面、真实、有效。

（三）分解驱动问题2

问题：运动强度可以通过收集到的哪些数据来定义

持续时间：1周

教学活动：

①引导学生利用数据章节的相关知识来进行数据的整理。

②引导学生思考、分析：对于收集到的心率、功率、时间、桨频等这些量的数据，用哪一个来代表运动强度？我们可以从哪些角度来进行分析？

③引导学生分享交流自己对于运动强度的理解，以及选择用什么量来代表运动强度的想法。教师引导学生深入分析每一种想法的合理性和实用性，最终确定运动强度这个量是由功率与桨频的乘积来定义的。

设计思路：当遇到解决问题的困境的时候，教师应鼓励学生依据自己的学习经验多方面、多角度地思考和分析，让学生感受到学知识、用知识的价值所在，同时培养学生敢于挑战的科学探索精神。

相关资源包括：①与运动强度这个概念相关的文献和资料。②跟赛艇老师交流满分系统中的功率、桨频这些量的内涵。③参考物理学中的相关知识来定义运动强度。

（四）分解驱动问题3

问题：建立哪些数学模型来帮助分析问题

持续时间：1周

教学活动：

①引导学生对于整理好的数据进行处理，思考处理数据的方式都有哪些。

②引导学生观察运动强度和心率是两组变化的数据，思考研究这两组变化的数据之间的关系，可以建立哪些数学模型。

③在已经学习过的知识未能帮助学生解决这个问题时，引导学生学习一些新的知识。学生可以通过查阅资料了解两个变化的量的关系的研究，考虑建立函数模型。

④指导学生自学函数的相关知识，同时学习 GeoGebra 这个软件；引导学生尝试用这个软件来进行函数的拟合，通过拟合成的函数进一步对两个变化的量的关系进行分析。

设计思路：教师通过让学生收集数据、整理数据、描述数据、分析数据来体会数据分析的全过程，同时让学生感受到数据模型并不能解决所有与数据相关的问题。如果想要研究两组变化的数据的关系即两个变量之间的关系，我们需要建立函数模型。项目式学习可以让学生感受真实的问题情境，明白利用数学的相关知识解决这些问题需要建立合适的数学模型。

相关资源包括：①利用表格对数据进行处理；②利用 GeoGebra 软件进行函数的拟合。

（五）分解驱动问题 4

问题：如何展示和推广成果

持续时间：1 周

教学活动：

①引导指导项目小组梳理研究方法、研究过程以及关键性问题的解决方法、研究成果等，明确小组成员的分工。

②引导小组成员按照分工，各司其职，制作并完善展示幻灯片。

③小组成员按照分工在全班进行项目展示，接受其他小组的质疑和提问，并进行答辩。

④完成总结性评价。

设计思路：教师应给学生提供展示的平台，让他们把自己的成果进行分享。展示成果的过程使学生更加自信、乐学、乐于分享，同时可以培养学生的思辨能力。

相关资源包括：项目成果幻灯片和总结性评价单。

五、项目式学习评价方案

表 3-86 为项目式学习评价方案。表 3-87 和表 3-88 分别为成果展示互评表和成果展示评价表。

表 3-86　项目式学习评价方案

主要产品或表现	素养目标	证据	评价方式	评价时机
研究报告	1. 能够用统计的相关知识对所研究的问题进行数据的收集、整理和描述 2. 研究报告的科学性与规范性	研究报告项目齐全，逻辑清晰，科学规范	1. 评价表 2. 教师及时反馈	过程性评价
汇报幻灯片	1. 能够运用信息技术将项目的实施过程记录完整 2. 能够准确、清晰地介绍项目成果 3. 在交流过程中，语言简练、有条理	幻灯片制作完整、美观、清晰，能够记录项目研究的全过程	1. 评价表 2. 教师及时反馈	过程性评价、总结性评价

表 3-87　成果展示互评表

组名：

	评价内容（满分 60 分）	好 （45～60 分）	较好 （30～45 分）	一般 （0～30 分）
项目报告	科学性（项目的实施科学、严谨）			
	合理性（问卷的设计合理，能够反馈项目的意图）			
	实用性（将数学与实际生活问题紧密联系在一起）			
	创新性（有独特的立意和角度；通过查阅资料获取新知识并能够学以致用）			
项目汇报	小组配合默契（有序上台分享小组的智慧成果，衔接无缝隙）			
	项目准备充分，思路清晰（项目汇报包括为什么要做这个项目，怎么做，成果是什么，反思与收获有哪些）			
	汇报语言表达清晰			
	幻灯片制作精美、凝练			

表 3-88　成果展示评价表

组别	内容 科学性、合理性、实用性	汇报交流 准备充分，思路清晰，声音洪亮	倾听 认真倾听，随时记录	互动 提出疑问，互动积极	创新 有独特的立意和角度
1	☆☆☆☆☆	☆☆☆☆☆	☆☆☆☆☆	☆☆☆☆☆	☆☆☆☆☆

续表

组别	内容 科学性、合理性、实用性	汇报交流 准备充分，思路清晰，声音洪亮	倾听 认真倾听，随时记录	互动 提出疑问，互动积极	创新 有独特的立意和角度
2	☆☆☆☆☆	☆☆☆☆☆	☆☆☆☆☆	☆☆☆☆☆	☆☆☆☆☆
3	☆☆☆☆☆	☆☆☆☆☆	☆☆☆☆☆	☆☆☆☆☆	☆☆☆☆☆
4	☆☆☆☆☆	☆☆☆☆☆	☆☆☆☆☆	☆☆☆☆☆	☆☆☆☆☆
5	☆☆☆☆☆	☆☆☆☆☆	☆☆☆☆☆	☆☆☆☆☆	☆☆☆☆☆

六、项目实施的关键性课例

表 3-89 为项目实施的关键性课例。

表 3-89　项目实施的关键性课例

入项活动	
驱动问题	运动强度对心率有什么影响
学习目标	1. 在探索和研究运动强度对心率的影响的过程中，主动调用自己已有的知识经验和思想方法，通过建立合适的模型和跨学科的相关知识来解决这个实际问题，满足个性化的学习需求 2. 在实践探索中更好地体验学知识、用知识，从而激发学习兴趣、探索欲望，拓展数学思维 3. 在合作探索的过程中学会相互学习、相互借鉴，培养合作意识，提高合作效率
学习重难点	学习重点：在探索和研究运动强度对心率的影响的过程中，主动调用自己已有的知识经验和思想方法，通过建立合适的模型和跨学科的相关知识来解决这个实际问题 学习难点：基于已有知识经验和思想方法，根据收集的数据确定运动强度，建立合适的数学模型来解决这个实际问题
学情分析	1. 学习经验 八年级的学生正处于从经验型学习向理论型学习的过渡阶段，也处于抽象思维形成的重要阶段；进入初中学段的他们，接触到了生物学、地理、物理等学科知识，对科学类的学习方法和能力方面也有一定了解；他们思维能力发展较快，有较强的求知欲和表现欲，愿意合作探究，也不缺乏自主学习的能力 2. 知识储备 学生经历过利用方程、不等式、函数解决实际问题的过程，初步具备方程及函数思想；学生基本掌握了物理学科中的"功率""速度"等概念，会运用物理概念分析实际问题 学生综合运用数学学科中的函数与物理学科的相关知识解决复杂的实际问题时具备一定的困难，需要借助适当的方法突破

续表

	3. 发展需求 从学生的发展需求来看，项目式学习要求学生的思维方式随之改变；这是对学生思维能力的考验，也是其数学认识的一次重要飞跃；在学习数学知识的过程中，随着问题情境的复杂化，学生会表现出对数学知识的理解深度不够的现象 本次主题聚焦学生的日常生活，符合学生的学科及情感需求，引发了学生的研究兴趣，虽有难度但也可以综合运用数学、物理学科知识进行探索；他们在之前已经有过项目式学习的经验，对于项目式学习的全过程比较熟悉，对于实施项目式学习的信心比较充分

教学过程

学习任务	学生活动	教师组织	学业要求	设计意图
回顾数据章节的项目式学习阶段性汇报，引出展示小组的项目汇报	1. 学生通过观看幻灯片一起回顾各小组之前展示的项目式学习阶段性汇报 2. 展示小组做好展示准备	总结前期学生的项目式学习阶段性汇报，让学生回顾自己前期经历的项目式学习过程，同时引出展示组	及时调整上课状态，能够认真观看，认真倾听	教师通过回顾前期学生的项目式学习阶段性汇报引出展示组，让学生能够感受到展示课的前期铺垫，以及项目式学习开展的承接性
展示组的项目展示全过程	展示组进行项目展示，其他学生认真倾听，及时质疑提问，有效互动 主题选定：通过摘取网上的一段关于运动健康的报道引出主题；同时提出自己的猜想 为了更好地验证这个猜想，选定了验证实验 1. 制订计划 学生将实验的过程分为收集和分析数据、绘制和分析图像、总结和反思改进三个方面	1. 教师点拨：项目组开始选择的主题是运动与健康，这个主题相对宽泛，实施起来涉及面太广，无法聚焦问题经过进一步的讨论，最终确定为运动强度与心率关系的主题，让项目能够顺利进展	1. 能够明确项目主题的选取是项目顺利开展的前提 2. 能够体会到项目主题在选取的过程中应当尽量聚焦，以免课题太大，要考虑的因素太多，导致项目进展不下去	学生通过制订可实施的实验计划，从收集数据、分析数据、绘制图像、分析图像、得出结论和反思的全过程，让大家能够清晰地感受项目小组分析的全过程

186

续表

学习任务	学生活动	教师组织	学业要求	设计意图
	2. 收集数据 ①选取合适的运动项目来收集数据 这个运动项目对于学生来说要方便监测，这就需要这项运动单次持续时间长；另外有线上系统可供数据的收集；同时有很多人参与，方便收集多样的数据，因此选择了赛艇项目 ②通过满分体能系统收集数据，就要分析收集哪些数据可以帮助项目组做好数据分析 3. 处理数据 ①项目组根据自己的需要收集心率、功率、时间、桨频这四个量的数据 ②开展现场讨论：运动强度如何借助这些量来表示 大家纷纷提出自己的想法，进行合理性分析，引出自己对于运动强度的理解和借助功率与桨频的乘积来定义运动强度 4. 绘制和分析图像 ①通过分析男生、女生的整体数据可以看到，运动强度与心率这两组数据构成有序数对，就对应平面直角坐标系中的一个点；通过描出相应的点可以看到，数据之间的关系不明确	2. 教师点拨：运动强度到底用什么来定义是整个问题中关键和较难的部分 项目小组的学生通过分析探讨，给运动强度赋予了新的定义，突破了整个研究过程中的难点问题	3. 通过倾听展示组的分享感受到这类实际问题解决的一般思路——先猜想后验证；验证的过程中需要设计合理的实验计划 4. 项目式学习在开展的过程中势必会遇到很多困难；项目小组在面对困难的时候冷静分析，有效交流，合力讨论，会对整个项目有着积极的推动作用 5. 能够感受到数据处理的不同方式；制作统计图或者建立函数模型等 6. 能够体会到当所学知识不能解决当前问题的时候需要不断学习新的知识	项目小组的互动交流让大家能够更加深入地参与项目分享；其中困境的突破、小组的合作、对别的小组的项目实施有很好的指导和借鉴意义

续表

学习任务	学生活动	教师组织	学业要求	设计意图
	借助 GeoGebra 软件来进行函数的拟合，拟合后的函数图像呈一条直线；因此可以看出随着运动强度的变大，心率也不断变大，女生的变化幅度相比男生的来说要小 ②通过分析单个男生、女生的数据折线图可以看出，随着运动时间的增加，心率会先上升到一个波峰，再缓慢下降，然后进行上升 这个数据很好地反馈了赛艇老师对学生的运动要求：先用全力拉，等适应后慢慢舒缓，等到最后的时候再来一个冲刺；这样既可以达到运动的效果，又不会对心脏造成影响			
项目的总结与反思，提出改进建议，分享学习收获	展示组进行项目的总结及反思；其他学生提出改进建议，分享自己的学习收获 1. 展示组的总结与反思 总结：通过实验的研究证实了自己的猜想——运动强度越大，心率越大。这对以后的体育锻炼有明确的指导意义，有助于选择适当的运动强度进行体育锻炼 反思： ①该实验不能排除个体差异带来的误差 ②手环测心率可能会不准	1. 引导学生思考：听了展示组同学的项目分享，你觉得他们的亮点是什么，你们的收获是什么 2. 总结：借助展示组的分享，不仅要知道他们获得了这样一个结论，还要知道小组之间需要怎样的合作、互动、配合才能做成这个项目	1. 能够积极思考，及时分享自己的收获和感受 2. 能够科学、辩证地看待自己组的项目研究 3. 能够通过项目组的展示，反思自己小组在项目实施过程中值得借鉴的想法	利用展示组的总结与反思，让其他组的学生更好地了解他们在项目实施过程中的思考和分析 利用互动交流、积极思考，提出自己的改进建议，提升课堂的参与度

续表

学习任务	学生活动	教师组织	学业要求	设计意图
	③平静时的心率与运动状态的心率不是同一天测的 ④赛艇单个项目的研究结论不能适用其他的项目 ⑤实验人员只涉及班级的同学 2. 学生提出的改进建议 ①针对有些数据不是同一天测的，存在一定误差，有学生提出可以在以后项目式学习的过程中先把计划制订好，以避免出现这个问题 ②由于每个人的体质差异不同，从展示的数据图像可以看出，分别对男生、女生进行更加细致的分类和分析，会让实验的分析更加详细 ③可以让实验的时间更长，测量不同年龄段的数据，让实验的结果更有说服力 3. 学生的收获分享 学生1：当处理变化的量之间的关系时引入了函数是他们的一大亮点，对自己组的项目式学习有很好的借鉴意义 学生2：收集数据的准确性非常好；自己小组在收集数据的时候用的是发放问卷，但是收效甚微；我们可以学习他们组利用软件系统进行数据收集，使数据的准确性更高，同时可以保障数据的量	作为中学生，我们要具有科学的探索精神，平时在课堂上遇到的都是非常理想状况下的问题 由于现实生活中的问题往往更加复杂，我们在处理问题的过程中，要一步步排除干扰，建立适当的数学模型，将实际问题转化成数学问题，才能更好地解决实际问题		通过分享自己的学习收获，让大家对项目式学习的认识更加深刻，为以后在研究方法、研究过程、小组合作等方面对项目式学习的开展发挥很好的指引作用

续表

学习任务	学生活动	教师组织	学业要求	设计意图
	学生3：自己小组在项目实施的过程中没有做好明确的分工，导致最后项目没有很好实施下去；而展示组却给我们很好的展示，他们每个人都是分工明确、非常有序的 学生4：尝试定义新的量来更好地表达项目需求 学生5：展示组给我们展示了面对一个未知的问题，先进行大胆的猜想，确定前进的方向，然后严谨务实，实事求是地一步步验证，才能将偶然间发现的小道变成光明的大路			

七、项目反思

（一）学生反思

1. 项目执行反思

在探究过程中，我们首先要确定把问题分成哪些部分。我们可以不断提问自己，然后开始逐项探究，让思考不断深入，拓展我们的思维。我们肯定会遇到很多的困难。比如，我们就这个项目中运动强度的定义讨论了很久。只有不惧挑战，才能坚持到底，最终做成项目。在项目式学习的过程中，一个人是不可能完成任务的，需要一个团队通力合作。当然在团队中，每个人都有自己的想法，一定会产生赞美、批评、共识、分歧。这就需要有一个领导者既能倾听大家的意见，又有自己坚持的方向，才能让项目向前推进。

2. 项目结束反思

项目式学习让我们学习到了很多。首先，因为项目式学习是与同学合作完成的，所以在合作的过程中我们有很强的归属感。项目式学习把大家都拧成了一根绳，让大家感受到团结一致的力量。其次，项目式学习可以涵养我们的品格，培养我们负责任的态度和能力，培养我们的人际交往能力。不仅如此，它还为我们建立了个性发展的平台。伴随着项目式学习的不断积累，小组成员之间相互取长补短，共同成长进步。当然关键的就是项目式学习让我们可以无所顾忌地在知识的海洋中探索，让我们更加深刻地感受到学知识、用知识的价值所在。

（二）教师反思

1. 项目启动反思

学生最初选定的是运动与健康这个主题。由于主题涉及的范围相对较大，不好实施和开展，也无法聚焦项目实施的目标。通过跟项目组学生的交流讨论，教师最终确定从运动强度与心率的关系这个角度来进行项目实施。其实主题的选取是项目成功的基础，如何选取恰当合适的主题是项目式学习中教师需要引导学生完成的。主题选取后，就是要确定项目研究的目标是什么，为了达成这个目标要做哪些准备工作，包括知识准备和工具准备等。只有明确项目目标，学生才能朝着目标不断前进。

2. 项目执行反思

项目式学习过程中学生会遇到各种各样的挑战。当时关于运动强度的定义就经历了很长时间的探讨和研究。它不是书本上现成的，而是完全凭借大家的知识积累、思考分析，以及大家对项目中运动强度这个概念的理解。虽然经历波折，但学生一次次地对问题进行深入研究，一次次地感受科研的探索精神。这对学生的思维训练和自主探究精神的培养都是有益的。

3. 项目结束反思

由于受到条件的限制，项目实施还有很多不尽完美的地方。比如，项目数据仅仅局限于本班学生。其实七、八两个年级都在学习这门赛艇课。如果时间充裕，教师可以采集不同年级学生的数据，让实验的结果更加有说服力，从而让大家能够更加重视赛艇课。同时教师可以类比对赛艇项目的分析去研究别的运动项目对心率的影响，倡导合理锻炼，以更好地强身健体。

教师在项目式学习的过程中主要起引导作用，在学生的研究出现偏差的时候可以及时带领学生探讨研究，在学生遇到困难的时候及时给予帮助，助力学生的项目式学习。项目式学习还需要借助跨学科的相关知识。教师可以鼓励学生多查阅相关资料或者跟相关学科的教师请教讨论，让学生能够借助多学科的知识、思维与方法融合解决问题，实现课程标准的要求。

【专家点评】

项目式学习应该是来源于学生感兴趣的主题，让学生在探究问题的过程中，尝试利用已有的知识经验，或者基于需求学习新知识来解决实际的问题。学生在解决问题的过程中体会学知识、用知识的乐趣，体会生活问题数学化的思维方式，体会数学探究的全过程，从而培养研究精神，激发学数学、爱数学的热情。

本项目式学习就是学生从赛艇课出发进行运动强度与心率关系的探究，最终通过自己的研究结果来指导体育锻炼。通过学生的展示，我们可以看到学生从新闻报道中发现问题并且提出问题，给出合理的猜想，并且通过建立数学的模型来验证猜想，实现问题的分析和解决。在这个过程中，学生经历多次交流和讨论，虽有困难，但是在小组的合作中想办法合力把问题解决了，也感受到了团队合作的重要性。这是项目式学习非常重要的价值。学生在合作中相互取长补短，相互学习借鉴，使经验和方法得到累积，使学习的自信心得到增强。学生在探讨运动强度如何量化的过程中，从不同的角度分析其合理性，又逐步排除，最终从物理学习经验中定义了一个新的量来表示强度。这体现了学习中的创新精神。